Ruth Prawer Jhabvala

Heat and Dust

Teacher's Guide

von Monika Plümer
mit Anna Maria Lenhardt-Patz

Ernst Klett Sprachen
Stuttgart

Ruth Prawer Jhabvala

Heat and Dust

Teacher's Guide

von Monika Plümer mit Anna Maria Lenhardt-Patz

For M.S. and P.N.

"Anything is possible in Human Nature. Love. Madness. Hope. Infinite joy... It's true. Things can change in a day."

Arundhati Roy

Dieses Lehrerheft bezieht sich auf die im Verlag Ernst Klett Sprachen erschienene Textausgabe von *Heat and Dust*, ISBN 978-3-12-579840-3. Verweise auf die Textausgabe werden in Kurzform angegeben:

140 6 = Seite 140, Zeile 6

In diesem Werk werden die Begriffe „Schülerinnen und Schüler" und „Lehrerinnen und Lehrer" durch „SuS" und „LuL" ersetzt, um einen flüssigen Lesestil zu gewährleisten. Wir fassen damit die weiblichen und männlichen Formen gleichrangig zusammen.

1. Auflage 1 5 4 3 2 1 | 2011 10 09 08

Alle Drucke dieser Auflage sind unverändert und können im Unterricht nebeneinander verwendet werden. Die letzten Zahlen bezeichnen jeweils die Auflage und das Jahr des Druckes.

Internetadresse: www.klett.de

Umschlagfoto: Cinetext, Frankfurt
Redaktion: Rona McGeoch, Paul Newcomb
Druck: Gulde-Druck, Tübingen
Printed in Germany
ISBN 978-3-12-579841-0

9 783125 798410

Inhaltsverzeichnis

Bildnachweis

Umschlagfoto: Cinetext, Frankfurt; S. 48 (indische Frau mit Handy): Corbis(Hunter/zefa), Düsseldorf; (Guru): iStockphoto (VikramRaghuvanshi), Calgary, Alberta; (Badeszene und beim Essen): Jutta Niemann, Göttingen; (Bus): ullstein bild(AP), Berlin; s. 89: Corbis(Christopher Cormack), Düsseldorf; S. 93 (unten): ullstein bild (JULIO ETCHART), Berlin, (Mitte) laif (Moleres),Köln, (oben): Keystone(CKS Bilderdienst-Lische), Hamburg; S. 94: Ute Reichmann, Göttingen; S. 97 (Sati-Szene): Wikimedia Foundation Inc.(PD), St. Petersburg FL; S. 103: (oben): Picture-Alliance (UPI), Frankfurt, (unten) Keystone, Hamburg; S. 104: Picture-Alliance(KPA/HIP), Frankfurt Royals; S. 105: ullstein bild, Berlin; S. 108 (Little Miss Muffet): Corbis(Blue Lantern Studio), Düsseldorf, (Humpty Dumpty): ullstein bild, Berlin; S. 110: Getty Images (Katy Winn), München; S. 113: Jutta Niemann, Göttingen; S. 120: Ute Reichmann, Göttingen

Ruth Prawer Jhabvala's Roman *Heat and Dust* (1975) lässt anhand der in doppeltem Sinne „un-erhörten" Lebensgeschichte der verschollenen Britin Olivia Rivers das untergegangene *Raj* wieder auferstehen. Im Jahre 1923 verlässt Olivia ihre Heimat England und folgt ihrem Mann Douglas, der für den *British-Indian Civil Service* arbeitet, in die indische Stadt Satipur (wörtlich: *place of the faithful wife*). Als ebenso verwöhnte wie lebenshungrige Frau der oberen Mittelschicht lernt sie dort in den ersten Monaten, dass man von ihr erwartet, dass sie ein zurückgezogenes, häusliches Leben führt, das lediglich von einigen belanglosen Tee- und Abendgesellschaften innerhalb der *British Community* unterbrochen wird. Nachdem sie sich und ihrem Mann ein Haus eingerichtet hat, fühlt sich die junge Ehefrau allerdings zunehmend gelangweilt. Unbewusst verabschiedet sie sich mehr und mehr von ihren romantischen Vorstellungen über ihren Ehemann, der ihre Bedürfnisse und Ängste nicht versteht und sich in seine Arbeit flüchtet. Sie versucht jedoch die Realität ihrer scheiternden Ehe zu verdrängen, indem sie sich ein Kind wünscht, das ihrem unausgefüllten Leben einen Sinn und ihrer Beziehung einen neuen Halt geben könnte.
Als dieser Kinderwunsch zunächst nicht erfüllt wird, findet sie Ablenkung in der Freundschaft mit dem homosexuellen Engländer Harry, der seit mehreren Jahren im Palast des Nawabs von Khatm (wörtlich: *finished*) lebt und dessen gesellschaftliche Position schon dadurch verdeutlicht wird, dass er im Roman von allen nur mit seinem Vornamen angesprochen wird. Bald jedoch beginnt Olivia eine heimliche Affäre mit dem abenteuerlustigen, faszinierenden und ebenso charmanten wie liebeshungrigen Nawab. Die junge Engländerin kann sich dem Sog dieser ambivalenten, undurchsichtigen und chauvinistischen Persönlichkeit genauso wenig entziehen wie der indischen Hitze. Gleichzeitig ist sie zunehmend angewidert vom kolonialistischen und rassistischen Verhalten der Briten gegenüber der indischen Bevölkerung, was Douglas und seine Kollegen jedoch nicht ernst nehmen, da sie Olivia eher für naiv und launisch halten. Der muslimische Herrscher dagegen hat Zeit für sie und bringt ihr viel Aufmerksamkeit entgegen, während er den ebenso chauvinistischen wie bigotten britischen Beamten durch seine politischen Machenschaften und Verbindungen immer wieder Schwierigkeiten bereitet.
Als Olivia schließlich schwanger wird und nicht eindeutig sagen kann, wer der Vater ihres Kindes ist, stürzt sie in eine existentielle Krise, als sie erkennen muss, dass der Nawab sie zwar um ihrer Attraktivität willen begehrt, ihre Schwangerschaft aber dazu benutzen will, die gesellschaftliche Stellung ihres Mannes zu ruinieren. Aufgrund der Metaphorik des Romans gibt es für den Leser keinen Zweifel daran, dass der Nawab der Vater ihres Kindes ist. Ohne weitere Begründung entschließt sich Olivia für eine Abtreibung, die heimlich von der Mutter des Nawabs organisiert wird. Als dies im britischen Krankenhaus aufgedeckt wird, flieht sie in den Palast. In der anglo-indischen Gesellschaft des frühen 20. Jahrhunderts hat sie nun jedoch keinen sozialen Ort mehr. Der Nawab kauft ihr ein Haus in der namenlosen Stadt X, irgendwo in den Bergen, wo sie bis zu ihrem Tod allein ohne weitere soziale Kontakte als dessen Geliebte lebt. Ihre Asche wird schließlich in alle Winde zerstreut, als wäre sie feiner indischer Staub.
Erzählt und gespiegelt wird diese ebenso politische wie tragische Geschichte von der Großnichte Olivias, der namenlosen Erzählerin des Romans, die sich in den 70er Jahren des 20. Jahrhunderts auf die Suche nach jener „un-erhörten" Geschichte der ersten Frau ihres Großvaters Douglas Rivers macht, über die in ihrer Familie niemand sprechen will. Die ihr zur Verfügung stehenden Fragmente der Geschichte Olivias gewinnen dabei eine solche Macht über sie, dass sie (unbewusst) beginnt, nicht nur die Plätze ihres früheren Lebens aufzusuchen, sondern das Leben ihrer Großtante nachzuleben, gewissermaßen auszuprobieren. Vordergründig lässt auch sie sich auf eine Affäre mit einem verheirateten Inder ein bzw. provoziert diese und wird schwanger. Im Gegensatz zu Olivias Möglichkeiten und Grenzen sind die abwägende Haltung und die Entscheidungsfähigkeit der jungen Frau jedoch ohne politische Implikationen, genauso wie die Reisen der übrigen Europäer auf ihrer Suche nach indischer Spiritualität den Alltag im modernen Indien nicht wirklich zu beeinflussen scheinen. Ms Rivers entscheidet sich gegen eine Abtreibung und gegen den Mann, hält es nicht einmal für nötig ihn über ihre Schwangerschaft in Kenntnis zu setzen und beschließt, die alleinige Verantwortung für sich und das Kind zu übernehmen.
Erzähltechnisch sind die Lebensgeschichten der beiden Frauen aufgrund ihrer Parallelität geradezu überdeutlich miteinander verwoben, jedoch gelingt es Prawer Jhabvala, dem Leser trotz des gleichförmigen Handlungsverlaufes zwei völlig unterschiedliche historische Lebenswelten in Indien zu präsentieren. Indische Lebenswelten, die von den Europäern als Projektionsflächen für verdrängte Sehnsüchte und unterdrückte Bedürfnisse, für offensichtliche Karrierewünsche und moralische Überheblichkeit oder auch als Spielwiese der eigenen Selbstverwirklichung und Weltflucht benutzt werden. Eine eindeutige Interpretation der Handlungsweisen der beiden Frauen wird dadurch erschwert, dass die Darstellung Olivias immer schon durch den Blickwinkel der Erzählerin geprägt ist und dass die Erzählerin selbst zwar als *reliable narrator* eingeführt wird, sich ihrer eigenen Motive aber zunehmend weniger bewusst ist. Der Leser gewinnt anfangs noch einige ungefilterte Einblicke in Olivias Gedankenwelt, da der Erzählerin Briefe vorliegen, die Olivia an ihre in Paris lebende Schwester geschrieben hatte, mehr und mehr verwandelt sich ihr Leben jedoch in einen Roman, der allerdings kurz vor der Abtreibung abbricht, denn sie verstummt und verschließt sich völlig. Die Beweggründe ihres Handelns können für beide Frauen letztlich nur indirekt durch eine Interpretation der Reaktionen ihrer Umwelt erschlossen bzw. erahnt werden, eine eindeutige Begründung liefert der Roman nicht. Gerade hierin besteht jedoch der didaktische Reiz, um interkulturelle Lernprozesse zu gestalten und Perspektivwechsel zu initiieren.
SuS der Sekundarstufe II sollen im Englischunterricht lernen, wichtige Fragen, Ereignisse und Erscheinungen der Gegenwart in einen größeren Zusammenhang

einordnen zu können, sie sollen durch Rückgriff auf die Geschichte und ihre Geschichten die in der Gegenwart bestehenden Ordnungen und wirkenden Kräfte besser verstehen lernen, sie sollen schließlich auch durch Vergleiche mit fremden Wirklichkeiten ihre eigene Umwelt besser verstehen können. Die Analyse dieses Romans ist aufgrund seiner Vielschichtigkeit, die zunächst so ganz lapidar daherkommt, besonders geeignet, diese Ziele zu erreichen. Hierbei bedingen Literaturunterricht und Kommunikationsfähigkeit einander, so dass dieser sprachlich leicht zugängliche literarische Text den SuS auch die Möglichkeit bietet, sich eine kommunikationsbezogene Sprachkompetenz und ein methodisches Instrumentarium für eine angemessene und selbstständige Auseinandersetzung mit Literatur zu erarbeiten.

Die jungen Erwachsenen können sich ein Verständnis für die überschaubare Welt britischer Kolonialherren im Indien des frühen 20. Jahrhunderts erarbeiten, die sich als geschlossene Gesellschaft definiert und Menschen wie Olivia oder Harry ausgrenzt und zulässt, dass diese Außenseiter daran physisch und/oder psychisch zerbrechen. Ein solches Verständnis kann ihnen helfen, die unübersichtlichen, komplexen Strukturen einer ihrem Anspruch nach offenen, multikulturellen und demokratischen Gesellschaft mit ihrem Weltbildsalat sowie der hiermit verbundenen sozialen wie individuellen Probleme leichter zu beschreiben und zu erkennen. Die SuS können durch die vergleichende Analyse der Lebensgeschichten der beiden Protagonistinnen lernen, wie sich eine alte Geschichte (Olivias Geschichte genauso wie die des britischen Empires) aufgrund veränderter Konventionen und historisch-soziologischer Bedingungen verwandelt, aufgrund der verschwiegenen Tragik, der versäumten Trauerarbeit und der Schuldgefühle sowie der ungelösten Konflikte, aber dennoch eine gewisse Macht in der Gegenwart behält. Die Erkenntnis, dass (geo)politische und soziale Probleme und Gegebenheiten die bisherigen emotionalen, moralischen und intellektuellen Sicherheiten und Überzeugungen eines Menschen völlig verändern (können), versetzt SuS nicht nur in die Lage, sich mit fremden Welten auseinander zu setzen, sondern ermöglicht ihnen (langfristig) auch, politische und soziale Entwicklungen in ihrer eigenen Gesellschaft durch die literarische und landeskundliche Verfremdung neu zu betrachten. Eine Möglichkeit, die im Unterricht nicht ungenutzt bleiben darf, wenn SuS in einer demokratischen Gesellschaft leben, in der es sich einzelne Gruppen erlauben, Menschen anderer Hautfarbe auf offener Straße tätlich anzugreifen oder MigrantInnen verbal zu diskriminieren, in der große politische Parteien mit einem Slogan wie „Kinder statt Inder" auch schon mal Wahlen zu gewinnen versuchen. Die SuS können lernen, dass die soziale Ordnung in einer Gesellschaft nicht einfach durch staatliche Autoritäten garantiert werden kann, sondern in hohem Maße auch von der Verantwortungsbereitschaft und Offenheit ihrer Mitglieder abhängt. Durch die Auseinandersetzung mit dem Roman wird schließlich auch deutlich, dass eine (demokratische) Gesellschaft nicht „nur" einzelne Menschen, sondern letztlich auch sich selbst zerstört, wenn sie ganzen Gruppen einen sozialen Ort verweigert.

Beispielhaft können die SuS in der Auseinandersetzung mit dem Roman auch Methoden der Textinterpretation diskutieren und vertiefen. Sie können bei der Analyse dieses Romans beurteilen lernen, inwieweit eine textimmanente Interpretation gerade dieses Textes an ihre Grenzen stößt und welche Zusatzinformationen (z.B. landeskundlicher Art / Sekundärliteratur) sie für ein umfassenderes Verständnis der historischen Zusammenhänge und der Beweggründe der Charaktere benötigen. Hierbei sollen sie dann auch herausfinden und einüben, wo und wie sie sich diese Informationen in angemessener Weise beschaffen können. Auch zeigt dieser Roman, dass sich (historisch) fremde Welten nicht nur rein kognitiv erschließen lassen. Ein Verständnis für Olivias Konflikt und ihr Handeln oder ein Verständnis für die gleichgültige Romantik und Sinnsuche der Ich-Erzählerin lassen sich vielmehr nur durch ein gewisses Maß an Empathie erreichen. Die subjektiven Beweggründe Olivias, die am Ende einfach verstummt, bleiben dem Leser letztlich verschlossen und sind im Text häufig durch Leerstellen besetzt. Auch die jeweilige bzw. „wirkliche" Motivation für die Handlungsweisen des Nawabs, der indischen Frauen, Harrys oder der Ich-Erzählerin wird dem Leser oder der Leserin vorenthalten. Dadurch müssen die lesenden SuS zunächst die fragende Haltung der Ich-Erzählerin übernehmen, wobei deutlich wird, dass hier jede Art des Verstehens nur ein Versuch sein kann, der sich für die Ich-Erzählerin jedoch lohnt, weil sie dabei beginnt, zu sich selbst zu finden. Gleichzeitig gelingt es durch diese Perspektivenannäherungen auch, all den verstummenden bzw. verstummten Figuren mit ihren „unerhörten" Geschichten eine Sprache zu geben.

SuS können hier nicht nur auf kognitiver, sondern auch auf affektiver Ebene Einsichten gewinnen, indem sie Eigenes im Fremden wiedererkennen. Denn sie befinden sich in einer Entwicklungsphase, in der sie begonnen haben, ihre Rolle in der sie umgebenden Erwachsenenwelt zu bestimmen, in einer Phase, in der sie sich daher auch von vertrauten Bindungen lösen und neue eingehen (wenn auch in ganz anderer Weise als die suchenden jungen Erwachsenen im Roman), in der sie mit ihrer eigenen, sich verändernden Persönlichkeit oftmals nur schwer zurechtkommen, weil sie sich häufig (wie Olivia) viel zu ernst oder überhaupt nicht ernst nehmen (können), in der sie das schnelle oder außergewöhnliche Erlebnis suchen (wie die jungen Touristen und Chid) oder sich trotz bzw. wegen der kurzlebigen Angebote einer im Überfluss lebenden Spaßgesellschaft häufig zutiefst langweilen oder sich mit ihrer Ziellosigkeit überflüssig vorkommen (die Erzählerin). Auch ihre Kommunikationsschwierigkeiten liegen oftmals darin begründet, dass sie persönliche Probleme nur schwer verbalisieren können und daher zu unverständlichen Verhaltensweisen neigen, deren Aufforderungscharakter von ihrer Umgebung immer wieder übersehen wird. Eine Auseinandersetzung mit dem Verhalten, den Gefühlen und möglichen Gedanken der Charaktere und den Reaktionen ihrer Umwelt, aber auch ein Untersuchen des lapidaren Erzählstils, der vieles nur andeutet oder zwischen den Zeilen benennt, vertieft daher nicht nur Methoden der Textinterpretation, sondern kann auch eine Schule der eigenen Wahrnehmungs- und Beziehungsfähigkeit sein.

Der hier vorgestellte Ansatz sowie die vielfältigen Einsatzmöglichkeiten des Romans, der in ihm aufgebaute Kontext und die von ihm aufgeworfenen Fragen sind zum Überblick noch einmal in den folgenden *mind maps* zusammengestellt.

2. *Heat and Dust* Mind Maps

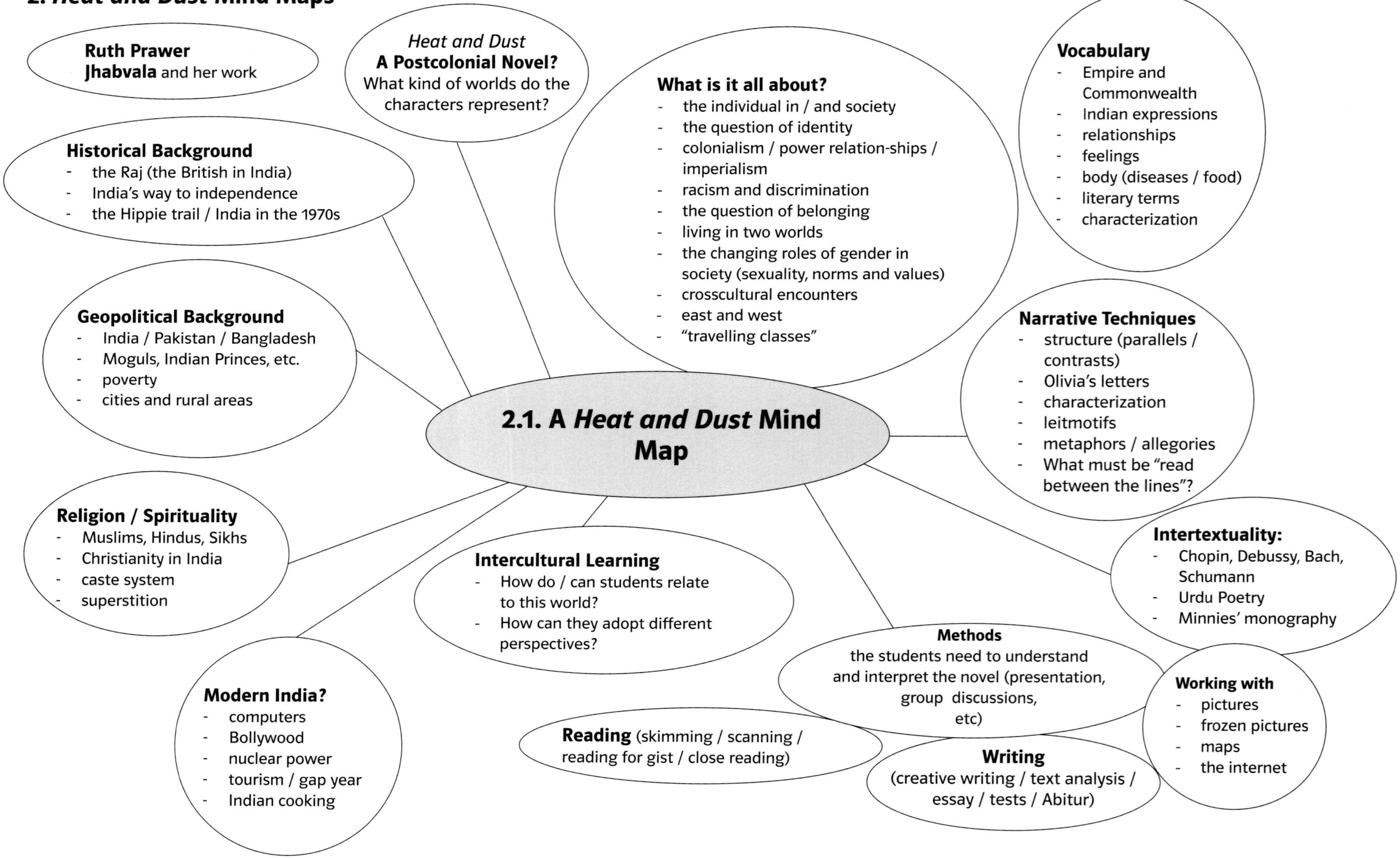

Didaktische Fragestellungen und Strukturelemente der Planung

2.2. „Un-erhörte" Geschichten in Heat and Dust:

verstörende Momente und verunsichernde Fragen, die *nicht* eindeutig zu beantworten sind, als konstitutive Planungsmomente aufgreifen

"India always changes people."

Demütigung:
Die Europäer benutzen die neue/fremde Lebenswelt als „Spielwiese" der eigenen Selbstverwirklichung, jedoch: *The Empire begins to strike back* (Dr Gopal), Indien ist eine sich öffnende Gesellschaft - (vorsichtige Infragestellung der einseitigen Perspektive - West

Demütigung:
Die Kolonialherren erlauben kein wirkliches Gegenüber, sind Gefangene der eigenen Konventionen, benutzen indische Lebenswelten als Projektionsfläche für eigene Bedürfnisse (geschlossene Gesellschaft, einseitige Perspektive: West).

Die **Sprengkraft** von **Politik**, **Erotik** und **Sexualität** wird im *small talk* und in Konventionen ertränkt oder in Major Minnies Monographie verewigt (Tabuisierung / *comedy of manners)*

Die verunsichernde **Sprengkraft** von **Politik** (Armut, Ungerechtigkeit, Korruption) und individueller **Sinnsuche** wird (zunächst?) in flüchtigen sexuellen und spirituellen Beziehungen / Erfahrungen überspielt (*community / romance*).

Das große Fragezeichen:
Die Beweggründe des Nawab – die **Ohnmacht** eines Herrschers (die einseitige westliche Deutung wird später in London von Karim und Kitty bestätigt („aristokratischer Playboy")

Das koloniale Erbe:
Inder Lals melancholische Unterwürfigkeit, die unbefangenen Mütter (Maji, Inder Lals Mutter), Dr. Gopals anklagendes Selbstbewusstsein

(transzendentale) Heimatlosigkeit
der Erzählerin / der Touristen / Chids (Wovon leben sie? Was suchen sie?)

Ohnmacht der Außenseiter: Olivia und Harry können sich niemandem anvertrauen -

- werden Opfer von Stigmatisierungen
- Verlust des sozialen Ortes
- Was suchen sie?
- Wie bzw. wovon leben sie?

Leelavatis Tod / Ritus Krankheit
Die Ohnmacht gegenüber **Tod** und **Krankheit** ist der verstörende Moment im Erleben der Erzählerin – die Grenzen ihrer westlichen Erklärungsmuster werden deutlich (*different concepts* – Perspektiven *West vs. East*)

Beide Geschichten: Augenblicke des Schweigens und der Sprachlosigkeit

Olivia + Erzählerin: "*India always changes people.*" ist keine Erklärung, sondern lediglich eine Behauptung

Verführung und **Abtreibung** sind die ‚verdichtetsten' und (sprach-)gewaltigsten Momente in Olivias Geschichte

3. Methodische Überlegungen

Der hier vorgestellte schülerorientierte, interkulturelle Unterrichtsansatz und die zusammengestellten Materialien berücksichtigen textanalytische und handlungs- und produktionsorientierte Verfahren und Aufgabenstellungen zur Erschließung des Romans, da sie Lese- und Verstehensprozesse in jeweils unterschiedlicher Weise initiieren und kommunizierbar machen bzw. Lese- und Verstehensschwierigkeiten in jeweils unterschiedlich ‚sinnstiftender' Weise bearbeiten können. Je nach Vorkenntnissen und Leistungsstand bietet es sich an, die Aufgabenstellungen durch das gezielte Training der geforderten *skills* sowie entsprechender Methodenblätter zu ergänzen, um die Textsortenkompetenz und den Umgang der SuS mit den gängigen Operatoren zu vertiefen bzw. zu erweitern (z.B. durch die sehr hilfreichen Methoden- und Wortschatzblätter in: *Sicher ins Zentralabitur Niedersachsen, Hamburg und Schleswig-Holstein.* Klett 2006 ISBN 978-3-12-547181-8; siehe auch *Sicher ins Zentralabitur Berlin, Brandenburg und Mecklenburg-Vorpommern,* ISBN 978-3-12-547183-2, sowie auch *Sicher ins Zentralabitur Nordrhein-Westfalen* ISBN 978-3-12-547180-1). Je nach Leistungsstand der Lerngruppe kann es auch sehr sinnvoll sein, die thematisch konzipierten *Components* oder auch einzelne *Worksheets* bzw. Aufgabenstellungen durch eine entsprechend systematische Wortschatzarbeit zu ergänzen bzw. zu begleiten (hilfreich hier: *Words in Context New.* Klett 978-3-12-519940-8).

Die unterschiedlichen Aufgabenstellungen der einzelnen *Activities* und *Worksheets* setzen immer ein genaues Lesen voraus bzw. leiten dieses an. Sie können sowohl genutzt werden, wenn die Lerngruppe den Roman sukzessive liest (als zielgerichtete Anleitung der Erstrezeption), als auch, wenn die SuS bereits den ganzen Roman gelesen haben (Zweitrezeption), was die Regel sein dürfte.

Die *Worksheets* 5.1.2. – 5.4.1. zu den Synopsen können im Falle des sukzessiven Lesens von der Lerngruppe unterrichtsbegleitend ausgefüllt werden. Wenn die SuS den Roman vorab lesen, eignen sich die Arbeitsblätter sehr gut dazu, die Erstrezeption zu begleiten. Die *Record Sheets* I + II und die entsprechenden *Worksheets* zu den Synopsen leiten die SuS an, in arbeitsteiliger Gruppenarbeit ihre ersten Wahrnehmungen und Beobachtungen zu einem zentralen Überblicksthema zu sammeln und zusammenzustellen. In ihren Spezialistengruppen können die SuS nach Beendigung der Erstrezeption diese Ergebnisse zusammenstellen und den übrigen Mitgliedern ihrer Lerngruppe in einer Präsentation oder in einem Gruppenpuzzle (vgl. zur Einführung dieser Methode: *Method Guide,* Schöningh ISBN 978-3-14-041262-9) zur Verfügung stellen. Die Synopsen und die entsprechenden Arbeitsblätter zu *Record Sheet I* (Worksheet 5.1.1.) sind so konzipiert, dass sie die Grundstruktur des Romans, die Figurenkonstellation sowie den historischen und geographischen Kontext der beiden erzählten Geschichten transparent machen.

Leitfragen der Analyse:

5.1. **Structure:** How is the Indian world constructed?
5.2. **Characters:** Who is who in the novel and how are the characters related to each other?
5.3. **History:** When does the story take place and how is it related to the real world?
5.4. **Geography:** Where does the story take place?

Record Sheet II (Worksheet 5.5.) leitet die SuS an, sich während oder nach der Erstrezeption vor allem auf einen der vorgegebenen Charaktere zu konzentrieren und diesen bzw. diese anschließend zu charakterisieren und in den jeweiligen Lebenszusammenhängen zu verstehen. So können bereits zu Beginn der Analyse des Romans die unterschiedlichen Perspektiven genauer herausgearbeitet und aufeinander bezogen sowie erste Fragestellungen entwickelt werden.

Die textanalytischen Zugänge verwenden grundsätzlich die in zentralen Prüfungen gängigen Operatoren und können im Unterricht in Einzel-, Partner- und (arbeitsteiliger) Gruppenarbeit bearbeitet werden, sie können dabei immer auch als schriftliche Hausaufgaben genutzt werden. Die Vorgaben (Spiegelstriche) zu den einzelnen kreativen Aufgabenstellungen (vgl. z.B. *Worksheets* 6.2., 6.4., 6.5.) können für besonders leistungsstarke SuS natürlich auch gekürzt werden. Grundsätzlich sind die situativen Aspekte in der Ausführlichkeit aufgelistet, da sie einen Erwartungshorizont und Möglichkeiten des *peer-editing* bieten und die SuS daran erinnern, sich in ihren Textproduktionen nicht beliebig vom Text zu entfernen, sondern sich vielmehr unbedingt auf diesen zu beziehen bzw. sich immer auch perspektivisch in dessen Kontext zu stellen. Durch die genaue Aufgabenstellung können die SuS ihre Texte gemeinsam überarbeiten und überprüfen bzw. erörtern, ob und wie die vorgegebenen Aspekte im jeweils vorgegebenen Kontext bearbeitet wurden, auch bieten die einzelnen Aspekte (Spiegelstriche) Möglichkeiten zur Erstellung von gezielten Hörverstehensübungen, wenn die SuS ihre Texte im Plenum vortragen.

4. Pre-Reading Activities

Bevor oder während die SuS den Roman lesen, kann ihr Weltwissen in Bezug auf indische Lebenswelten aktiviert, in Frage gestellt und erweitert werden. Die vier Arbeitsblätter der *Pre-Reading Activities* fordern sie hierbei dazu auf, eigene Welten und Beziehungskonstellationen zu konstruieren und auszugestalten.

Worksheet 4.1.: Pictures of India + Worksheet 4.2.: India – Did You Know?

Die SuS werden hier dazu angeregt, ihr Vorwissen zum Thema Indien zusammenzutragen und auszutauschen. Die dargestellten Bilder zeigen verschiedene Aspekte Indiens und können in späteren Schritten beschrieben, analysiert und evaluiert werden.

Anhand des *Worksheets 4.2.* bearbeiten und kommentieren SuS die *Facts and Figures* zu Indien und ergänzen, überdenken bzw. relativieren ggf. ihr Indienbild.

Worksheet 4.3.: Narrative Bricks: Writing a Short Story

Die SuS können gemeinsam die Bausteine einer Geschichte „erwürfeln"; dies hätte zur Folge, dass die SuS aus dem gleichen Material sehr unterschiedliche Geschichten schreiben, was interessant und spannend zu vergleichen ist. Auch kann das Vorlesen einzelner Geschichten dem einfachen Hörauftrag dienen, zunächst einmal die jeweiligen *bricks* herauszuhören und ggf. deren Einsatz zu vergleichen. Viele Elemente auf diesem Arbeitsblatt spielen auch im Roman eine Rolle (Jahreszahlen, *nature, animals, items*, etc.). Wenn Sie diese nicht schon vorher diskutieren möchten, können diese natürlich auch leicht ausgetauscht werden. Bei weniger geübten Lerngruppen kann der Kasten 16 zu den Erzählperspektiven weggelassen werden, da dieser den SuS in der Regel die meisten Schwierigkeiten bereitet. Die Geschichten sollten in Ruhe als Hausaufgabe vorbereitet und möglichst mit dem Computer geschrieben werden, damit sie anschließend leichter überarbeitet und sprachlich korrigiert werden können.

Nach einem *peer-editing* in Kleingruppen oder als Partnerarbeit, das die Anwendung der vereinbarten *bricks*, die Schlüssigkeit der Geschichte und die Richtigkeit des verwendeten Tempus prüft (*simple present* oder *simple past*), können ausgewählte *favourites* im Plenum vorgelesen und anschließend bezüglich der dargestellten Welten verglichen werden. Im Mittelpunkt der Besprechungen sollten hier die Begegnungen *East-West* und entsprechende Wahrnehmungsmuster bzw. Charakterisierungen stehen. Herausgearbeitet werden können ggf. auch die metaphorische Valenz von *heat, dust, marble angel, monsoon*, etc., was den SuS das Erkennen entsprechender Konnotationen im Roman erleichtert.

Sollen die einzelnen *bricks* nicht gewürfelt werden, können die SuS auch aufgefordert werden, aus jeder Box selbst einen Baustein zu wählen.

Eine weitere Variante könnte sein, die SuS jeweils zu Beginn und nach Abschluss der Unterrichtssequenz zum Roman eine Geschichte schreiben zu lassen und anhand dieser Geschichten zu diskutieren, ob und wie sich ihr Bild von Indien und die Anwendung einzelner Bausteine aufgrund der Auseinandersetzung mit dem Roman verändert hat.

Zum Verfassen der Geschichten kann es außerdem hilfreich sein, den SuS einige für den Kulturkreis übliche Namen zur Verfügung zu stellen oder sie im Internet nach entsprechenden Namen suchen zu lassen.

First Names (female)		First Names (male)	
Indira	Priyanka	Vikram	Mishra
Rajee	Ayesha	Hanif	Rashid
Maya	Jesminder	Raj	Jon
Arundhati	Gita	Romesh	Mohan
Chitra	Kiran	Karim	Amitav
Shashi	Sunetra	Jyoti	Changez
Githa	Tahira	Shahid	Velutha

Surnames			
Banerjee	Sahni	Deshpande	Kumar
Desai	Gupta	Metha	Gosh
Haihara	Kamani	Roy	Amir
Perera	Sidhwa	Manil	Hasan

Worksheet 4.4.: Writing a Poem

Dieses Arbeitsblatt soll die SuS dazu anleiten, mit verdichteter Sprache zu arbeiten, Konnotationen zu erkennen und zu konstruieren sowie die metaphorische Dichte einzelner Ausdrücke zu diskutieren. Diese Aufgaben sind sprachlich eine kleine Herausforderung.

Auch diese Übung kann an unterschiedlichen Stellen innerhalb der Unterrichtssequenz wiederholt werden. Zum Beispiel könnten die SuS aufgefordert werden, im Verlauf der Reihe oder an bestimmten Stellen im Roman anhand des vorgegebenen Materials aus der Perspektive unterschiedlicher Charaktere Gedichte zu schreiben.

Bei sehr engagierten Lerngruppen können die Exemplare der Kurzgeschichten und Gedichte getippt, gesammelt und als Abschluss der Sequenz auch zu einem kleinen Büchlein gebunden werden.

5. Synopsen und *While-Reading-Activities*

Worksheet 5.1.1.: Organising *While-Reading Activities* – Record Sheet I

Teilen Sie dann *Worksheet 5.1.1 - Record Sheet I* aus und bilden Sie je nach Interessen, Lernertyp und vielleicht auch Vorkenntnissen der SuS vier Gruppen, deren Zusammensetzung Sie in der oberen Box des *Record Sheets I* festhalten können.

Geben Sie den SuS Zeit zu überlegen, ob sie die Arbeit an den dazugehörigen *Worksheets* ggf. noch untereinander aufteilen wollen, dies gilt insbesondere für *Worksheet 5.1.2*.

Insgesamt begleiten, unterstützen und erleichtern die *Worksheets 5.1.2 – 5.4.1* die Erstrezeption und diese arbeitsteiligen *while-reading activities*.

Worksheet 5.1.2: Short summaries of the different "chapters" to analyse the structure

Die beiden Aufgaben fordern die SuS dazu auf, selbst Schwerpunkte zu setzen und erste Parallelen und Beziehungen zu erkennen. Den Möglichkeiten der Titelfindung sind hierbei keinerlei Grenzen gesetzt, sie können sich auf einzelne Aspekte der Handlung beziehen (z.B. *Arrival in Bombay, Dinner at the Palace, Seducing Inder Lal*), Motive hervorheben (*A Squirrel Running Away, Keeping out of the Heat and the Dust, The Marble Angel*) oder Charaktere in den Mittelpunkt stellen (*Chid's Letters, Olivia's Nest, Douglas and his Pipe*).

Bei der Bearbeitung der zweiten Aufgabe werden die SuS erkennen, dass die *links* zwischen den einzelnen Erzählabschnitten in der Regel ähnlich konzipiert sind (*the palace, the shrine, the graveyard, Olivia's letter about the picnic, suttee, the seduction*). Die Aufforderung, die Art der einzelnen Verbindungen zu bestimmen, ist dagegen durchaus anspruchsvoller. Die SuS werden jedoch merken, dass die Erzählerin nur bedingt chronologisch erzählt, vielmehr ist es in der Regel so, dass die Handlung in den 70er Jahren erzählt wird bzw. Erlebnisse im Journal dokumentiert werden, um dann in die Vergangenheit zu gehen und Olivias Geschichte zu erzählen bzw. zu (re-konstruieren. Bereits hier kann die Frage diskutiert werden, ob die Erzählerin nicht vielleicht auch einen Teil hinzuerfindet und stimmig macht, indem sie sich in Olivias Lage versetzt, um den eigenen Erlebnissen mehr Glanz zu verleihen oder ihnen einen (höheren?) Sinn zu geben.

Worksheet: 5.1.2.: A Summary of the "Chapters" – Structure of the Novel and the Two Plot Lines in *Heat and Dust (Solutions / synopsis)*

pp	**1970s – the narrator's diary from February to August**	**parallels / links**	**1923 – Olivia's story in chronological order**
6-7	**Introduction**: • The narrator, a young woman from Britain, travels to India to learn more about a dark family secret: her grandfather's first wife, Olivia, had left her husband for an Indian prince in 1923. • She learns about Olivia from her (Olivia's) letters to her sister Marcia, written in 1923, and from things told to her by her family and Olivia's friend Harry. Her own impressions are recorded in a journal.	"India always changes people." letters ➢ secrets	• Olivia writes letters to her sister in Paris. • She elopes with an Indian prince.
7-10	**2nd February** • records her first night in India, in Bombay, and an encounter with a missionary woman in a dormitory, and describes some destitute Europeans at A's hotel.		
10-11	**16th February** • has moved into in a room above a bazaar sublet to her by Inder Lal, a government official. • Olivia's former house has become a government office – Inder Lal's workplace.	➢ colonial houses/ places	• Her house is in a British residential area called Civil Lines. She decorates it and builds her "nest" (**11**).
11-13	**20th February** • begins to adopt an Indian lifestyle, living among Indians, wearing Indian clothes and eating Indian food, and learning Hindi. • She is referred to by the locals as looking like a *hijra* (eunuch).	➢ *hijras* ➢	• Olivia has to adapt to British colonial life in India. • The Nawab describes Beth Crawford, the narrator's great aunt, as a *hijra* (**102**).
13-16	**24th February** • visits the Nawab's deserted palace with Inder Lal, who talks of intrigues and rivalry at his office.		
16-19		palace ➢	• first encounters the Nawab at a formal dinner party at the palace, where he plays the perfect host to his European guests. • meets Harry, the Nawab's British house guest. Lonely and bored, she feels flattered by the Nawab's attention. Olivia is visited by the Nawab .

19-21			• Douglas, who has a very heavy work schedule, refuses an invitation to another reception at the palace, since the invitation is not extended to his superiors.
21-25	• **28th February** • At a travellers' rest house she meets Chid, a young Englishman from the Midlands, who has shed his European identity to live as a holy man and pilgrim, begging for food. • She discovers a dead squirrel. • She sees the marble angel on the Saunders' baby's grave. The British graves are overgrown and neglected.	colonial houses ➢ squirrel ➢ graveyard ➢	• Dr. Saunders and his wife live in a bungalow next to the British graveyard. • Olivia sees a squirrel running for its life. (**73**) • Olivia is strongly affected by the grave of the Saunders' child and worries about the health of their future children in India (**26**). The British graves are very well kept (**89**).
25-43	Later (on 15th April), she will visit Baba Firdaus' shrine)	Baba Firdaus shrine ➢	• Olivia notices different aspects of British life in India: a) the British and their Indian servants: she visits Mrs. Saunders who complains about Indian servants; b) the British and the Indian rulers: Olivia and Beth Crawford pay a formal visit to the Begum c) the British community: Mrs. Crawford and Mrs. Minnies have adapted to the rules of colonial life in India d) the British living among Indians: Harry is the Nawab's house guest, but wants to return to England e) the British civil service: Douglas is a hard-working civil servant, but he deals condescendingly with the locals. f) the British and the Indian rulers: the Nawab's private visits to Olivia and they have a secret picnic at Baba Firdaus' shrine.
43-45	**8th March** • describes her new Indian lifestyle and her friendship with Inder Lal begins to grow. • Olivia's breakfast room is now a post office. Olivia's and the Crawfords' house have been turned into government offices.	letters ➢	• Olivia's letters to her sister Marcia become more frequent from here on. • Olivia becomes moody.
46-47	**10th March** • immerses herself in Indian life, sleeping outside with Indians to escape the heat. • discovers that Ritu, Inder Lal's wife, suffers from psychiatric problems.		
47-53	**20th March** • Her friendship with the widows, Inder Lal's mother and Maji, deepens. • She visits the suttee shrines (*suttee* = practice of a Hindu widow's self-immolation (= suicide by fire) on her husband's funeral pyre) (**49**), and sees the last suttee shrine from 1923.	the practice of *suttee* ➢	• The British civil servants and their wives discuss Anglo-Indian relations, and in particular the practice of *suttee*. Olivia suggests that suttee should be seen as part of Indian culture and challenges the firm action which Douglas has taken against the relatives who instigated the suttee in 1923. The Nawab praises Douglas in spite of Indian protests against the punishment.

53-55	**30th March** • finds Chid seriously ill in a graveyard (Inder Lal is reluctant to offer help). Inder Lal is initially incredulous of Chid's claim of being a *sadhu* (holy man), but the narrator puts Chid up in her room to nurse him.	looking after people ➢	• Harry wants to escape the palace and stays for a couple of days with Olivia in her "oasis" (**61**).
55-57	**10th April** • Chid recovers and is accepted by the Indian neighbourhood as a holy man. Inder Lal changes his mind about Chid. • She has doubts concerning Chid's "holiness".		
57-59	**15th April** • visits Baba Firdaus' shrine, which is supposed to cure childlessness, on "Husband's Wedding Day", travelling there with her widow friends. She is surprised to find a party atmosphere there. She thoroughly enjoys the picnic and feels fully part of things.	Baba Firdaus' Shrine / Husband's wedding day ➢	• visits Baba Firdaus' shrine with the Nawab. (**40-43**). "Husband's Wedding Day" celebrations (**59-62**) is described as creating a high risk of riots between Hindus and Muslims.
59-67			• The Nawab's dual status - as friend to Olivia as well as being an unreliable Indian ruler for the British community - begins to emerge. Harry takes refuge in Olivia's house, he is eager to return to England, but prevented from doing so by the Nawab. He hints strongly at criminal connections at the Nawab's palace. Douglas, who dislikes Harry, tries to convince him to leave.
67-69	**25th April** • She and Chid are immersed in Indian life but she suffers in the heat and the dust storms. • She quarrels with Chid because of his stealing and sexual advances but fails to make him leave. • Ritu's mental problems continue	the climate / dust ➢ mental health ➢	• Sandy, the Nawab's wife, suffers from mental health problems, too.
69-70	**30th April** • Ritu's state worsens; Inder Lal refuses psychiatric treatment, and Ritu receives painful treatment from a faith healer.		
70-72	**2nd May** • Ritu's cure is to be achieved by a pilgrimage with Inder Lal's mother, on Maji's advice. Chid also leaves for the mountains (Maji's suggestion) but the narrator stays behind.	mountains / moving location for a cure➢	• Sandy lives abroad, perhaps in Switzerland. Olivia refuses to leave for Simla (**72**).
72-75	• discovers a dead squirrel (see **24**)	squirrel ➢	• Harry collects Olivia every day to take her to the palace. • "Although the way was so hot and dusty…it was like being (…) in another reality" (**72**). • The piano in the Nawab's palace has been ruined by the heat and dust. Olivia sees a squirrel running for its life. • Douglas is unable to express his love to his wife.

75-79			• Olivia and Douglas plan to start a family. • We hear of Gandhi's activities. Douglas insists that British rule will remain in India. • Olivia and Douglas have dinner with Mr Crawford and Major Minnies; they discuss the Nawab. Major Minnies also tells the anecdote of a Maharaja who exploited his people to build a luxury palace.
79-85	**12th June** • receives Chid's emotionless letters. • explains to Inder Lal the Europeans' quest for spirituality through a simpler life in India; he feels hurt and ashamed of the conditions in India. • tells of her visit to Karim (the Nawab's successor) and his wife Kitty in London, whose flat is tastefully furnished. They live in both India and Britain, running an import-export business. Karim has sold off the palace treasures. They see India as their home, but prefer to live abroad for health reasons.	letters ➢ illness ➢	• Olivia's letters are very personal, carefully written and read more like diary entries. • Harry's poor health is due to the heat and food at the palace in Khatm.
85-87			• Olivia's visits to the palace are still a secret. Harry warns her that not meeting the Begum is a discourtesy; she does not accept this. The Nawab reacts suspiciously when asked about the robbers.
87-90		graveyard ➢	• Olivia and Douglas stroll through the British graveyard; the British graves are very well kept. • She collapses into tears at the baby's grave. • Douglas confirms the Nawab's involvement with criminal activities, and Olivia is irritated at Douglas' negative view of the Nawab. He finds her emotions difficult to deal with (although their alienation has begun earlier).
90-98	**15th June** • One of the old beggar women in the town dies. The narrator tries to obtain medical help and is irritated by Inder Lal's resistance. He explains that some Indians refuse to help due to the "Hindu fear of pollution and infection". Dr. Gopal refuses to admit the woman to hospital, where the conditions are appalling (compared to Europe). The narrator first accepts her own helplessness, then finds comfort in Maji's graceful reaction to the situation, and her willingness to peacefully accompany the dying woman.	hospital / illness ➢	• Dr Saunders runs the hospital in Satipur. Olivia uses Harry's illness as an excuse for visiting the palace. • The marital problems between Olivia and Douglas worsen.
98-102			• Olivia visits Mrs. Saunders; who believes that Indian servants are a sexual threat to white women. • Dr. Saunders is flattered at being called to the palace to treat Harry, unaware of being ridiculed by the Nawab. His anecdotes show his lack of respect for Indians. • The doctor receives his payment from a servant, a clear insult.

102-112	**20th June** • The heat reaches its peak. • The narrator goes on a picnic to the Baba Firdaus' shrine with Inder Lal, tying strings and making wishes, as is the tradition at this place. She seduces Inder Lal there.	seduction at the shrine ➢	• Harry collects Olivia and delays their departure for the palace, much to Olivia's irritation. She and Harry argue about her visits to the palace; Harry returns to the palace; Olivia drives to the shrine with the Nawab. • Olivia and the Nawab visit Baba Firdaus' shrine, where they encounter robbers who pay their respects to the Nawab. They then tie strings and make wishes (**108-112**). The Nawab seduces Olivia (**112**).
112-114	**31st July** • is told by Maji that she is pregnant and learns about Maji's past. • The monsoon begins.	pregnancy ➢	• discovers she is pregnant (**116**).
114-116	**15th August** • Chid returns, having given up being a "holy man"; he wears European clothes, cannot bear Indian food, hardly talks and is ill. • She visits the graveyard with Inder Lal, and chooses not to tell him she is pregnant. • The Italian angel is mutilated and looks Indian.	illness ➢ graveyard ➢	• Harry is seriously ill. • Olivia visits the graveyard with Douglas where they talk about her pregnancy (**126**).
116-126			• informs the Nawab of her pregnancy before telling Douglas. • The state of Khatm is bankrupt; Major Minnies tries to tell the Nawab what to do. • The Nawab accuses Harry and Olivia of siding with the British. • Major Minnies tells Olivia stories about the Nawab's family, which Harry later elaborates. • The Nawab assumes that her relationship with Douglas is over, that the child is his, and wants Olivia to stay with him.
126-127	**20th August** (flashback) • We learn that Douglas' son is the narrator's father by his second wife Tessie and that the British community at Satipur returned to England after Indian independence; the Minnies stayed in India. • Chid wants to leave India, and he is admitted to Dr. Gopal's hospital.		
127-130	**27th August** • She visits Chid in hospital regularly and brings him food and writes a letter to Chid's family asking for a ticket. Dr. Gopal tells stories of European people able and unable to cope with life in India. The narrator is determined to stay on in India.		

130-136	**31st August** • A midwife follows the narrator to offer her services. The narrator visits Maji to have the abortion but after she has started the operation she changes her mind and makes her stop.	abortion ➢	• Harry plans to return to England and the Nawab agrees to make arrangements. • The Nawab faces an enquiry and feels humiliated, and it is clear to Harry that Olivia's baby is a form of revenge. • She decides to terminate the pregnancy, and asks Harry to get the Begum to arrange it (**135-136**). She goes through with the abortion.
136-139			• She escapes from the hospital to the palace in native Indian dress. • Harry returns to England. • The Nawab visits Europe regularly, Olivia stays in India. Beth Crawford does not comment on Olivia's decision. Dr. Saunders is outraged after discovering the cause of Olivia's "miscarriage" and Major Minnies later writes a monograph on the influence of India on Europeans. The British community is convinced that Olivia has been used as a means of revenge.
139-146	• The narrator leaves for an ashram in the mountains to have her baby, going to an unnamed town ("X"), where she visits Olivia's now derelict house.	retreating to the mountains ➢	• Olivia lives in the mountains among Europeans; she no longer corresponds with her sister Marcia. • The British take control of Khatm in 1923, the Nawab spends time with his mother in Bombay, with Olivia or with his wife Sandy. Maintaining all these households causes him financial difficulties. • A flashback gives us Harry's account of the Nawab visiting him at the age of 50. • The Nawab dies in New York where the Begum lives, six years before Olivia, whose ashes are scattered in the mountains.

5.2. The Constellation of Characters

Worksheet 5.2.1.: Who is who? – The First Two Pages

Dieses Arbeitsblatt bietet SuS eine erste Orientierung bezüglich der im Roman konstruierten historischen und sozialen Lebenswelten und der Familienverhältnisse der Hauptcharaktere, gleichzeitig sind die SuS angehalten ihre ersten Assoziationen bezüglich der beiden Protagonistinnen zu versprachlichen.

Lesen Sie den SuS die erste Seite des Romans vor, um zu verdeutlichen bzw. herauszuarbeiten, welche verschiedenen Welten diese Erzählsituation bereits am Anfang verknüpft und welche Fragen sich dem Leser oder der Leserin nach der Rezeption der ersten Seiten stellen.

Worksheet 5.2.2.: Who is who? – Constellation of Characters

Dieses Arbeitsblatt bietet den SuS die Möglichkeit sämtliche Charaktere sowohl historisch bzw. geographisch (Aufgabe 1) als auch genealogisch (Aufgabe 2) zu verorten. Sie können auch hier Zusammenhänge erkennen und erste Fragen aufwerfen:

Why are there characters with no names?
Why are there characters with only a first name?
Why are there characters that have no name but a title?
How are the Nawab and Karim related to each other?
Etc.

Worksheet 5.2.2.: Who is who? – Constellation of Characters – Solutions

1. Add the names of the characters to the appropriate column below. Are there any characters you would add?

Beth Crawford	Dr. Saunders	Douglas Rivers	Tessie Rivers	Begum	Mary Minnies
Zahira	a chorus girl from Yorkshire	Maji	Karim	Collector Crawford	Inder Lal
Marcia	Ritu	Ammanullah Khan	The Nawab of Khatm	Ms Rivers	Harry
Ferdie	Sandy	Inder Lal's mother and father (a grocer)	Chidananda	The widow of a grain merchant	The guardian of her watch
Leelavati	Major Arthur Minnies	Kitty	Royalty in Cobobpur	Douglas's son	Olivia Rivers
A young man and a girl from England	Swamis of an Ashram	Dr Gopal	Dacoits	Happy Widows	Joan Saunders
hijras					

The Palace at Khatm in 1923	The Civil Lines Area in Satipur in 1923	Satipur in the 1970s	Bombay
The Nawab Begum Harry Hijras Sandy Zahira Royalty in Cobobpur Dacoits a chorus girl from Yorkshire Ammanullah Khan	Douglas Rivers Olivia Rivers Tessie Rivers Collector Crawford Beth Crawford Major Minnies Mary Minnies Joan Saunders Dr Saunders Marcia (in Paris) The widow of a grain merchant (Sati)	Ms Rivers Ritu – Inder Lal Maji Leelavati Inder Lal's mother (his father used to be a grocer) Dr Gopal Chidananda hijras Swamis of an Ashram happy widows **England in the 1970s** Ferdie Kitty Karim	A young man and a girl from England The guardian of her watch

5.3. Historical Context

Während ein Stammbaum den SuS einen Kontext bietet, der ihnen hilft, souverän über das Beziehungsgefüge des Romans zu verfügen, so ermöglicht die Arbeit mit den folgenden Zeitleisten, einen historischen Kontext zu erstellen und die Chronologie des Romans herauszuarbeiten.

Worksheet 5.3.1.: Landmarks in Indian History

Diese Zusammenstellung der Daten vermittelt den SuS einen ersten Überblick über die Geschichte Indiens. Um sich mit den Daten und Entwicklungen vertraut zu machen, können Sie unterschiedliche Schwerpunktsetzungen vornehmen, beispielsweise:

- *Underline all the dates in this timeline that refer to the relationship between India and Great Britain.*
- *Underline five dates which refer to events which – according to your judgement – are the most important in the development of Indian history.*
- *Underline five names of people who made a difference in Indian history.*

Worksheet 5.3.2.: *Heat and Dust*: A Timeline

Die SuS können die Lücken und die fehlenden Jahreszahlen in diesem Arbeitsblatt nur bei sehr genauem Lesen füllen, da sich viele der Jahreszahlen nur über das Lebensalter der Charaktere oder einige historische Vorkenntnisse erschließen lassen. Jedoch hilft auch dieses Blatt den SuS einen Kontext zu erstellen und zu erkennen, wie individuelle Lebensläufe mit der politischen Geschichte ihres Landes verbunden sind.

A *Heat and Dust* Timeline

Dates	Events	Pages
1600	The East India Company is founded.	41 / 84
1817	Amanullah Khan refrains from fighting and becomes the first Nawab of Khatm.	84 / 111
1820s	The palace at Khatm is built.	17
1829	The practice of Suttee is outlawed.	49
1857	The Indian Mutiny begins.	88 / 89 / 99 / 125
1858	The English Crown replaces the East India Company and rules over India.	---
1877	Queen Victoria is declared Empress of India.	---
late 1880s	Douglas is born.	126
1888	The Nawab is born.	141
ca. 1900 **ca. 1903**	Major Minnies comes to India as a political adviser to some Indian princes, including the Nawab (who starts to rule over Khatm at the age of 15).	17 32
1912	A famine strikes Dhung.	78
1919	Amritsar Massacre	22
1919	The Minnies have their last holiday in Simla together, after that year there are always troubles in the areas Major Minnies is in charge of.	77
1920/21	The Nawab becomes friends with Harry in London, Harry moves to Khatm. Sandy leaves the Nawab; her family wants the Nawab to return her dowry (Cabobpur affair).	33 35 / 77
1920s	After Amritsar (1919) Gandhi changes his policies, he organizes boycotts and marches. The British increase their militancy. Gandhi is imprisoned from 1922-24.	----
1923	Olivia decorates a bungalow in Satipur. The Rivers, Minnies, Saunders, and Crawfords attend a party at the Nawab's palace. Four days later, the Nawab pays Olivia a surprise visit at her home. In March the Nawab secretly invites Olivia on a picnic. On 14th April there are riots on Husband's Wedding Day because of the presence of Hindu worshippers at a shrine founded by a Muslim. On 17th April: Beth Crawford and Mary Minnies leave for Simla. Olivia refers to "Mr Ghandi and these people" (p. 76), Douglas does not believe that they will succeed in gaining independence. The local officials believe that the Nawab supports or even encourages dacoit violence in Khatm. The Nawab seduces Olivia near the shrine of Baba Firdaus. Constant riots in Khatm and near Satipur cause trouble. After the monsoon, Olivia asks Harry to ask the Begum to arrange an abortion, after it has been performed, Olivia flees from the hospital into the palace and settles in an unnamed town in the mountains. September: Beth returns from Simla, Harry leaves India, Tessie meets Douglas. A court of inquiry is set up in Khatm, where a prime minister is appointed to take charge of affairs. The Begum moves to Bombay; Sandy is in Switzerland for medical treatment.	
1924	The gang of dacoits around Khatm is brought to trial and its members are sentenced to death, the Nawab accompanies them to the place of their execution.	143f.
1924/25	Douglas and Tessie meet again in England, they marry and return to India. They have a son (who subsequently becomes the narrator's father) who leaves India at the age of twelve to enter a boarding school in England (in about 1937).	126
1938	The Nawab, now aged 50, wants to meet British authorities in London to solve his domestic / financial problems, he also visits Harry.	141
late 1940s	The narrator is born. She is three years old when Douglas dies, and a few years older than Inder Lal (she guesses). The Begum moves to New York.	6 / 45 142

15th August 1947 **ca. 1948**	Day of Independence – India and Pakistan are founded. Many Muslims leave Khatm or are killed in riots. Douglas has reached retirement age and leaves India. Karim and Inder Lal are born.	59 126 15 / 45
1949	The first war between India and Pakistan.	----
1953	The Nawab dies in the Begum's arms in her apartment in New York, laughing and remembering the execution of the dacoits in 1923. He leaves the palace to his infant nephew Karim.	14 142
early 1950s	After Douglas's death Harry makes contact to Beth and Tessie who have shared a house in Surrey since their husbands' deaths.	6
1959	Olivia dies in the mountains, her body is cremated on the Hindu cremation ground near X, the narrator believes that her ashes were scattered in the mountains.	141
early 1960s	Leelavati settles in Satipur.	95
1965-66	Second war between India and Pakistan	---
1971-72	Third war between India and Pakistan. Bangladesh is founded.	---
early 1970s	The narrator meets Karim and Kitty in London, Karim has negotiations with the present government (Indira Gandhi, Prime Minister from 1966-77 and from 1980-84) about selling the palace.	83
early 1970s	The narrator travels to Satipur to find out more about Olivia's story.	
February	The narrator arrives in Bombay. Two weeks later she arrives in Satipur and stays with Inder Lal and his family. She visits the palace in Khatm.	
March	The narrator has a picnic with Inder Lal. The Englishwoman visits the suttee shrines with Inder Lal's mother (The last suttee had taken place in 1923). Chid moves in with the narrator at Inder Lal's.	
April	The narrator visits Baba Firdaus's shrine with the Indian women on Husband's Wedding Day (14th April) and is disappointed. Ritu suffers from what are perhaps epileptic fits.	
May	Chid, Inder Lal's mother and Ritu leave for a pilgrimage to the Himalayas.	
June	Leelavati dies in Satipur. The narrator seduces Inder Lal at the shrine of Baba Firdaus.	
July	The narrator realizes that she is pregnant.	
August	Chid comes back from the mountains in terrible health.	
September	Chid returns home. The narrator visits Olivia's place in the mountains (X) and moves to an ashram to give birth to her child.	

5.4. Geographical Context

Worksheet 5.4.: A Lesson in Geography - Places *in Heat and Dust*;
und
Worksheet 5.4.1.: Ruth Prawer Jhabvala's India in *Heat and Dust*

In der Regel setzen sich die SuS zum ersten Mal mit Indien auseinander. Die Tabelle und die blinde Karte können ihnen helfen, sich die Welten und die Wege der einzelnen Charaktere konkret vorzustellen und auf einer eigenen Landkarte (*Worksheet 5.4.1.)* zu visualisieren.

Lösungen zu Worksheet 5.4.

India and Pakistan (60)	Satipur (significant name: place of the faithful wife)	Great Britain
Bombay (**6, 7, 64ff., 74, 84, 85, 123, 140f.**) Simla (**6, 30, 32, 131**) Honeysuckle Cottage (**30**) Multan (**18, 130**) Patna (**18**) Amritsar (**23**) Delhi (**22, 125**) (Kashmere Gate, **125**) Fatehpur Sikri (**22**) Amarnath (**24**) Taj Mahal (**34**) Calcutta (**51**) Jabalpore (**53**) Mussourie (**63, 116**) Cawnpore (**64**) Dharmsala (**79**) Ajanta (**86**) Ludhiana (**87**) Lucknow (**99, 129, 139**) Sikrora (**139**) Ajmere (**109**) Marwar (**112**) Ambala (**125**) Meerut (**125**) Ooty (**127**) Indore (**131**) Quetta (**131**) Punjab (**12, 125**) Kashmir (**22**) Goa (**22, 131**) Himalayas (**71**) Muzafarbad (**99**) Kalka Mail (a train) (**37**)	Civil Lines (**11**, significant name) Hospital (**93**) Christian Graveyard Baba Firdaus Shrine The Suttee Shrines Water Board (**11**) Health Department (**11**) Post Office (**11**) Traveller's Rest House (**11**) Department of Disposal and Supplies (**11**f.)	Midlands (**22**) Somerset (**99**) Yorkshire (**123**) Surrey Eton (**40, 78**) Rugby (**40**) Windsor (**52**) Bristol (Clifton) (**89**) Cambridge (**119**) **London** Claridges (**33, 139**) South Kensington (**34, 139**) Knightsbridge (**81**)
	Fictional Places in India	**Europe**
	Kafarabad (**8**) Khatm (**13, 88** (the town), telling name: "finished")) Cobobpur (**77**) Dhung (**78**f.)	Paris (**33**) Versailles Vienna Germany (**99**) Switzerland (**142**)
		The rest of the world
		Kabul New York, Park Avenue (**143**)

5.5. Character Profiles

Worksheet 5.5.: Organizing the *While-Reading Activities* - Character profiles - Record Sheet II
und
Worksheet 5.6.: How to give a Presentation
und
Worksheet 5.7.: Vocabulary Sheet

Während die Arbeitsblätter zu den Synopsen und Tabellen die SuS dazu anleiten, sich aus unterschiedlichen Blickwinkeln heraus unterschiedliche Zusammenhänge zu erschließen, so fordert *Character Profiles - Record Sheet II* dazu auf, die ersten Leseeindrücke mit Blick auf die einzelnen Charaktere zu versprachlichen, deren Lebenswelten zu erschließen und bezüglich der Charakterisierung einzelner Figuren erste Thesen zu entwickeln.
Auch hier sollten Sie die Lerngruppe aufteilen und unterschiedliche Spezialistengruppen bilden. Da die Komplexität der Figuren unterschiedlich angelegt ist, kann es in diesem Zusammenhang bei sehr heterogenen Lerngruppen hilfreich sein, die Zusammensetzung der Gruppen selbst vorzunehmen, um möglichst hilfreiche Präsentationen zu gewährleisten (Chid und Harry sind sicherlich eine Herausforderung, ebenso wie die Ambivalenz des Nawabs). Es ist zu erwarten, dass die SuS nach der Erstrezeption erste Wertungen vornehmen, Fragen stellen oder auch ihre *favourites* herausstellen. All diese Äußerungen können dann dazu dienen, die Schwerpunkte bezüglich der weiteren Arbeit mit den einzelnen *Components* zu entwickeln bzw. festzulegen. Als sprachliche Hilfestellung kann das Worksheet 5.7. eingesetzt werden.
Ist die Gruppe im Halten von Präsentation noch nicht sehr geübt, so sollte zur Erstellung des Posters und zur Vorbereitung der Präsentation unbedingt ein entsprechendes **Methodenblatt** ergänzt werden (*Worksheet 5.6: How to Give a Presentation*).

6. Component I: Relationships in 1923

Die Arbeitsblätter in diesem Modul leiten die SuS dazu an, die Entwicklung Olivias in Indien anhand einer Analyse ihrer Beziehungen herauszuarbeiten und die Frage zu beantworten, was Olivia dazu bewog, ihre gesicherte Existenz an der Seite ihres Mannes aufzugeben und mit einem indischen Prinzen „durchzubrennen".
Zur genaueren Analyse sind fünf Situationen gewählt, die als wesentliche Stationen in der Entwicklung der privaten Beziehungen gedeutet werden können (das erste gemeinsame Abendessen, das heimliche Picknick, die Familienplanung bzw. die Verführung, die Schwangerschaft und die Abtreibung).
Die Aufgaben der Arbeitsblätter 6.1. bis einschließlich 6.5. können je nach Schwerpunktsetzung von der ganzen Lerngruppe bearbeitet werden, sie können aber auch arbeitsteilig eingesetzt und in einem Gruppenpuzzle oder im Plenum durch Präsentationen ausgewertet werden.

Worksheet 6.1.: Olivia and Douglas – Analysis

Dieses Worksheet kann mit dem *Worksheet 6.2.* kombiniert werden. So könnte ein Teil der Lerngruppe die vorgegebenen Textstellen analytisch bearbeiten, während ein anderer Teil der Lerngruppe mit dem handlungs- und produktionsorientierten Ansatz arbeitet.
Das jeweilige Lesepensum sollte in einer vorbereitenden Hausaufgabe bewältigt werden, je nach Kompetenzprofil bzw. Lernstand und Leistungsstärke der Lerngruppe können die Aufgaben dann in Partner- oder Gruppenarbeit oder auch im Plenum bearbeitet und diskutiert werden. Die Aufgaben sind immer so konzipiert, dass sie auch schriftlich als (vor- oder nachbereitende) Hausaufgabe gestellt werden können. Die gängigen Operatoren werden somit in unterschiedlichen Arbeitsformen immer wieder eingeübt und auch für die SuS überprüfbar (z.B. durch Verfahren des *peer-editing* für schriftliche Hausaufgaben).

1. The first dinner

Bereits bei diesem *dinner* wird deutlich, wie unterschiedlich Douglas und Olivia auf die indische Welt des Palastes reagieren. Während das Essen für Douglas eher eine lästige Pflicht ist, so ist es für Olivia schon fast ein Abenteuer, auf jeden Fall endlich *the right place*, nachdem sie sich in ihrer häuslichen Idylle zu langweilen beginnt. Es ist wichtig herauszustellen, dass die im Laufe des Romans zunehmenden Auseinandersetzungen des Paares und Olivias kritischer Blick auf die britische Kolonialwelt mit Douglas Ablehnung der zweiten Einladung des Nawabs beginnt. Douglas kann seine Entscheidung zudem nicht wirklich kommunizieren, das Schweigen der beiden um ihre Gefühle beginnt.

2. Before the Picnic with the Nawab

Mehr und mehr versucht Douglas Olivia zu erziehen, behandelt sie wie ein naives Kind, das die Regeln des kolonialen Spiels noch nicht verstanden hat und ihre geplante Rolle auf der Bühne des Britischen Empires noch nicht wirklich ausfüllen kann. Mehrmals berichtet er davon, dass er sich mit Beth Crawford über seine Frau unterhält. Dies muss Olivia verletzen, auch wenn sie dieses nicht artikuliert. Mary und Beth, die so selbstsicher wirkenden Frauen, die in ihren Rollen aufzugehen scheinen, langweilen die junge Britin, und Joan wirkt in ihrer Trauer und Bigotterie ebenso bemitleidenswert wie abstoßend auf Olivia. So beginnt sie immer neugieriger auf ihre indische Umwelt und vor allem auf den Nawab zu werden. Sie will in Satipur bleiben, weil sie involviert sein möchte in dieses fremde, faszinierende Leben der indischen Aristokratie, sie möchte über den Tellerrand schauen und sich nicht in die „abgeschotteten Berge" der *upper-middle-class* zurückziehen. Douglas dagegen hofft, dass sich seine Frau in Simla doch noch mit den Frauen seiner Kollegen arrangieren und ihre „Launenhaftigkeit" und fragende Naivität ablegen könnte. Für Beth und Mary ist der Nawab der ebenso lästige wie ungezogene Prinz, der ihnen mal wieder ihren Aufenthalt in Simla erschwert, da er ihnen ihre Männer vorenthält.

3. Family Plans

Der Friedhof hat im Roman mehrere Funktionen. Hier dient er Douglas dazu, sich in eine bedeutende Ahnenkette zu schreiben, seinem Leben Bedeutung und Sicherheit zu geben, indem er auch schon die Zukunft seiner Kinder voraussagen kann. Olivia kann mit diesen Ansichten spielen, gleichzeitig sind es die eigenen Gefühle, die sie mehr und mehr verunsichern. Denn Douglas Hoffnungen haben nichts mit ihrem Bedürfnis nach Abwechslung, Aufmerksamkeit und Abenteuer gemein. Ein gemeinsames Kind könnte noch einmal ein Band zwischen ihnen und für Olivia eine Aufgabe sein, die ihr Leben mit Sinn erfüllen würde. Ein Kind könnte ihr helfen, Distanz zum Nawab zu wahren. Gleichzeitig kann sie ihre zunehmend ablehnenden Gefühle in Bezug auf das Auftreten der Kolonialbeamten in den verschiedenen indischen Lebenswelten immer weniger unterdrücken. Die Rolle, die der Nawab in diesem Zusammenhang spielt, gesteht Olivia sich nicht wirklich ein, ihre Entscheidung, in Simla zu bleiben, verrät sie jedoch.

4. The Pregnancy

Auf die Nachricht von Olivias Schwangerschaft reagiert der Nawab ebenso besitzergreifend wie zuvorkommend. Seine wahren Beweggründe deutet er Harry gegenüber nur an, doch kann er Olivia gegenüber noch eine ganze Weile den stolzen Liebhaber spielen. Olivias Dilemma wird ihr selbst bewusst, als Douglas nahezu die gleichen Worte spricht wie der Nawab. Sie klingen besitzergreifend und herablassend, auch wenn sie zunächst nicht wirklich so gemeint sein mögen. Hier können die SuS sehr unterschiedliche Ansichten vertreten. Es könnte sich auch lohnen, diesen Satz in einer Stimmenskulptur mit Hilfe eines Standbildes von beiden Männern immer wieder unterschiedlich betonen und sprechen zu lassen, um Olivias Reaktionen zu verstehen.
Olivias Dilemma besteht darin, dass sie nicht bis zur Geburt des Kindes warten kann, da sie innerlich auch davon überzeugt ist, dass Douglas nicht der Vater ist.

Die vorgegebenen Zweifel spiegeln eher ihre Lähmung und Ausweglosigkeit wieder. Olivia kann sich nicht für ein Leben mit dem Kind im Palast entscheiden, da sie zu verstehen beginnt, was für ein Leben auf dieses Kind warten würde. Sie kann sich nicht für ein Leben als allein erziehende Mutter entscheiden, da sie aufgrund ihrer sozialen Stellung und Sozialisation ein solches Leben weder planen noch leben könnte.

5. The Abortion
Olivias Situation vor und während der Abtreibung ist von tiefer Einsamkeit, völliger Entfremdung und sprachlosem Schmerz gekennzeichnet. Sie hat ihre Wurzeln verloren und ist der fremden Welt und der Situation völlig ausgeliefert; die Schilderung des Unwetters spiegelt hierbei ihre eigene Lebenssituation. Die Begum beherrscht die Situation, so wie sie auch im Palast die mächtigste Frau darstellt. Dr. Saunders erhöht sich zum moralischen Richter über die Frau, der sie verurteilt und hierbei sicher auch vom letztlich unverarbeiteten Verlust des eigenen Kindes geleitet wird. Das Schweigen der übrigen *community* gehört in dieser Welt zum „guten Ton".

Worksheet 6.2.: Olivia and Douglas – Creative Writing

Dieses Arbeitsblatt kann mit dem *Worksheet 6.1.* kombiniert werden, so könnte ein Teil der Lerngruppe die vorgegebenen Textstellen analytisch bearbeiten, während ein anderer Teil der Lerngruppe mit dem hier entwickelten handlungs- und produktionsorientierten Ansatz arbeitet. Das jeweilige Lesepensum sollte in einer vorbereitenden Hausaufgabe bewältigt werden, je nach Kompetenzprofil bzw. Lernstand und Leistungsstärke der Lerngruppe können die Aufgaben dann in Partner- oder Gruppenarbeit oder auch im Plenum vorbereitet und konzipiert werden. Das Ausformulieren der Texte ist in der Regel leichter in einer (vor- oder nachbereitenden) Hausaufgabe zu bearbeiten.
Alle Aufgabenstellungen versuchen Leerstellen im Roman zu nutzen und leiten die SuS an, diese zu füllen und die jeweilige Situation dadurch perspektivisch zu deuten. Sollten die SuS wenig Erfahrung mit kreativen Aufgabenstellungen haben, so bieten die *Worksheets 6.7.: How to Write an Interior Monologue* und *6.8.: Helpful Phrases for Your Dialogue* hier methodische und sprachliche Hilfestellung an. Als Textsorten berücksichtigen die Aufgabenstellungen *dialogue, interior monologue* und *letter.*
Das *Worksheet 6.7* bietet eine Anleitung zum Verfassen eines *interior monologue*, die versucht, den SuS sowohl die Funktion dieser Textsorte zu erläutern als auch einige stilistische Tipps zu geben, die ihnen helfen den eigenen Text auf den Roman zu beziehen, einen stimmigen Kontext herzustellen, eine angemessene Struktur zu erstellen und ggf. auch einige metaphorische Andeutungen zu versuchen. Das *Worksheet 6.8.* stellt *Phrases* zusammen, die die jeweilige Sprechhaltung der Gesprächsteilnehmer verdeutlichen und die Sprechabsicht betonen sollen. Die SuS können sich hiermit auch ein Gespür für Fragen des angemessenen Registers erarbeiten.

Der jeweilige Erwartungshorizont für die einzelnen Produkte der SuS ergibt sich aus den Spiegelstrichen in der Aufgabenstellung. Die SuS können sich hier gut in Verfahren des *peer-editing* einarbeiten und die eigenen Texte vor einer Präsentation gemeinsam überarbeiten.

1. The First Dinner
Der *dialogue* ließe sich auch gut in Partnerarbeit bearbeiten und entsprechend mit verteilten Rollen vortragen. Es kann hilfreich sein, SuS darauf hinzuweisen, dass es durchaus sinnvoll ist, typische Redewendungen und -weisen aus dem Text zu übernehmen (vgl. Worksheet *6.8. Helpful Phrases for Your Dialogue*). Der Dialog dient dazu, die beginnende Entfremdung der Eheleute vorzuführen und ihre unterschiedlichen Wahrnehmungen der indischen Welt und des Nawabs zu versprachlichen.

2. Before the Picnic with the Nawab
Auch dieser Dialog stellt vor allem eine Charakterisierung des zurückhaltenden Douglas und eine Ausformulierung seiner Wertvorstellungen sowie seiner Erwartungen an das Rollenverhalten seiner Frau dar. Es ist wichtig vor dem Schreiben des Dialogs mit den SuS zu erarbeiten, was der Satz *"I was talking to Beth today"* für Olivia bedeuten bzw. was für eine Wirkung er auf die junge Ehefrau haben könnte. In Bezug auf Beth Crawford haben die SuS hier die Gelegenheit Olivias Wahrnehmungen und Haltungen zu verarbeiten, es bieten sich jedoch auch Möglichkeiten, eigene Leseeindrücke zu nutzen und den Erwartungen bzw. Wertvorstellungen von Beth Crawford eine Sprache zu geben.

3. Family Plans
Für diesen inneren Monolog ist es entscheidend, dass die SuS die Adressatensituation verstehen, Olivia kann hier sowohl mit sich selbst als auch mit dem Engel sprechen. Die Figur eröffnet so eine Sprechsituation, in der Olivia all jene Gefühle und Gedanken ausformulieren kann, über die sie in Satipur mit niemandem sprechen kann. Der Engel erfüllt aber auch eine andere, wesentlich intimere Rolle als die ihrer Schwester Marcia. Die SuS können hier durchaus mit den Konnotationen Schutzengel, Unschuldsengel, Todesengel arbeiten.

4. The Pregnancy
Da Douglas im Verlauf des Romans mehr und mehr verstummt, aber auch nicht in der Lage ist, seine Gefühle zu benennen, bekommt er in diesem Brief die Möglichkeit seine Pläne und Wünsche für die Zukunft zu formulieren, ganz so wie es zu seiner Rolle und seinem Selbstverständnis passt und wie er es später mit Tessie, Beths Schwester, verwirklicht. Beth ist bisher die Frau in seinem Leben, der er sich innerhalb seiner Grenzen und der gegebenen Konventionen zu öffnen bzw. anzuvertrauen vermag und die die Funktion einer Ratgeberin in „Frauenfragen" übernehmen kann.

5. The Abortion
Diese Aufgabenstellung überlässt den SuS einen größeren Freiraum, die Leerzeilen können aber auch gemeinsam diskutiert und ausgefüllt oder vorher von der

Lehrkraft ausgefüllt werden. Es gäbe hier eine Fülle von Möglichkeiten:
Olivia might
- try to explain her decision to have the abortion and how she feels about losing the child;
- explain why she left Douglas without any explanation;
- express her feelings (of loss, guilt, loneliness or contentment, peace, resignation or happiness);
- express her thoughts about Douglas' second marriage and the fact that he is going to marry Beth's sister;
- look back at her marriage to Douglas;
- outline what she wants for the future.

Worksheet 6.3.: Olivia and the Nawab – Analysis

Das Arbeitsblatt kann mit dem *Worksheet 6.4.* sowie mit einigen Aufgaben der *Worksheets 7.1.* und *7.2.* kombiniert werden. So könnte ein Teil der Lerngruppe die vorgegebenen Textstellen analytisch bearbeiten, während ein anderer Teil der Lerngruppe mit dem handlungs- und produktionsorientierten Ansatz arbeitet. Oder: Ein Teil der Lerngruppe erarbeitet die Beziehung zwischen Olivia und dem Nawab, während ein anderer Teil die Entwicklung der Beziehung zwischen der Erzählerin und Inder Lal bearbeitet.
Das jeweilige Lesepensum sollte in einer vorbereitenden Hausaufgabe bewältigt werden, je nach Kompetenzprofil bzw. Lernstand und Leistungsstärke der Lerngruppe können die Aufgaben dann in Partner- oder Gruppenarbeit oder auch im Plenum bearbeitet und diskutiert werden. Die Aufgaben sind immer so konzipiert, dass sie auch schriftlich als (vor- oder nachbereitende) Hausaufgabe gestellt werden können. Die gängigen Operatoren werden somit in unterschiedlichen Arbeitsformen immer wieder eingeübt und auch für die SuS (z.B. beim *peer-editing*) überprüfbar.

1. The First Dinner

Es ist wichtig, dass die SuS in dieser Passage herausarbeiten, dass die Körpersprache des Nawabs und sein Lachen häufig mehr verraten als das, was er sagt. Auch sollten die SuS prüfen, ob einige seiner Aussagen nicht eher ironisch zu verstehen sind. Wichtig ist, dass die Ambivalenz seines Verhaltens deutlich wird, dass die SuS aber auch diskutieren, ob es in diesen Kreisen wirklich eine Möglichkeit zur offenen Konfrontation gäbe, d.h. die Abhängigkeit des Nawabs von den Kolonialherren müsste auch deutlich herausgestellt werden, um seine späteren Verhaltensweisen vor dem Hintergrund der Herrschaftsverhältnisse verstehen zu können.

2. The Picnic

Olivia lernt bei diesem Ausflug, dass die Rollen von Männern und Frauen in anderen Kulturen durchaus anders besetzt sind. Einerseits wird sie vom Nawab hofiert, was sie genießt, andererseits benutzt er sie, ihre Unsicherheit, ihre Einsamkeit, ihre (Un-) Befangenheit, um sich darin zu sonnen oder zu spiegeln. Die Umgebung verstärkt die Gefühle der beteiligten Personen. Während sie Olivia ebenso fasziniert wie verunsichert und einschüchtert, während Harry (nicht nur unter der Hitze) leidet, ist der Nawab in seinem Element und „Herr" der Situation.

3. The Seduction of Olivia

Die Bilder, die die SuS im Netz finden, werden auf sie sehr unterschiedlich wirken und können Olivias und Harrys Faszination, aber auch ihre teilweise naiven Wahrnehmungen sowie ihre Verunsicherungen verständlicher machen. Es könnte auch helfen, zur Präsentation der Bilder eine CD einzusetzen und Sitar-Musik zu hören (dies z.B. auch bei einer Schreibaufgabe oder beim Vortragen eines Dialoges oder beim Erstellen eines Standbildes), auch die eine oder andere Szene aus einem Bollywood-Film könnte verdeutlichen, wie die verschiedenen Kulturen das jeweilige Rollenverhalten prägen. Olivias Sprachlosigkeit und ihre unsichere Verführbarkeit sollten deutlich herausgearbeitet werden, ebenso die Sprachgewalt der Bildersprache in der Geschichte von Ammannullah Khan. Diese ist einerseits doppeldeutig, da sie eher auf eine Vergewaltigung und nicht auf eine Verführung hindeutet, könnte andererseits als *foreshadowing* gedeutet werden, denn auch ein Teil Olivias wird sterben, getötet werden.

4. The Pregnancy

Diese Aufgabe beinhaltet eine eher klassische Charakterisierung des Nawab. Die Geschichte des Chorusgirls spiegelt Harrys Gefühle wieder, denn soweit er verstanden hat, hat er ausgedient. Olivia bezieht sich erneut auf diese Geschichte, wenn sie Harry bittet, die Begum einzuschalten, um die Abtreibung zu organisieren, d.h. beide erkennen, ohne dieses wirklich bzw. wörtlich auszusprechen, welche Rolle sie im Palast spielen bzw. gespielt haben.

5. The Abortion

Wieder beschreibt die Umwelt das, was nicht ausgesprochen werden kann oder darf. Olivias Situation vor und während der Abtreibung ist von tiefer Einsamkeit, völliger Entfremdung und sprachlosem Schmerz gekennzeichnet. Sie ist der fremden Welt und der Situation völlig ausgeliefert. Die Begum beherrscht die Situation, ihr Sohn ist nicht informiert und auch nicht anwesend. Auch diese Tatsache erzählt eine Geschichte von Machtverhältnissen innerhalb des Palastes und von den Rollenverteilungen zwischen Mann und Frau. Die Begum wird später ein selbstbestimmtes Leben in New York und Bombay führen, während Olivia zurückgezogen in den Bergen des Himalaya lebt. Auch dies ist eine Geschichte über Täter und Opfer und darüber, wie koloniale Verhältnisse diese Rollen (gnadenlos) verteilen.

Worksheet 6.4.: Olivia and the Nawab – Creative Writing

Das Arbeitsblatt kann mit dem *Worksheet 6.3.* und in Teilen mit einzelnen Aufgaben auf den *Worksheets 7.1.* und *7.2.* kombiniert werden. So könnte ein Teil der Lerngruppe die vorgegebenen Textstellen analytisch bearbeiten, während ein anderer Teil der Lerngruppe mit dem hier entwickelten handlungs- und produktionsorientierten Ansatz arbeitet. Oder: Ein Teil der Lerngruppe erarbeitet die Beziehung zwischen Olivia und dem Nawab, während ein anderer Teil

die Entwicklung der Beziehung zwischen der Erzählerin und Inder Lal bearbeitet.
Das jeweilige Lesepensum sollte in einer vorbereitenden Hausaufgabe bewältigt werden, je nach Kompetenzprofil bzw. Lernstand und Leistungsstärke der Lerngruppe können die Aufgaben dann in Partner- oder Gruppenarbeit oder auch im Plenum vorbereitet und konzipiert werden. Das Ausformulieren der Texte ist in der Regel leichter in einer (vor- oder nachbereitenden) Hausaufgabe zu bearbeiten. Allerdings können die Dialoge bzw. Gespräche auch gut in Partner- bzw. Gruppenarbeit formuliert und in verteilten Rollen vorgetragen werden.
Alle Aufgabenstellungen versuchen Leerstellen im Roman zu nutzen und leiten die SuS an, diese zu füllen und die jeweilige Situation perspektivisch zu deuten. Als Textsorten berücksichtigt sind *dialogue* und *letter*. In allen Dialogen sind die SuS hier sprachlich auch immer wieder gefordert, entsprechende Formen der indirekten Rede anzuwenden.
Der jeweilige Erwartungshorizont für die einzelnen Produkte ergibt sich aus den Spiegelstrichen in der Aufgabenstellung. Die SuS können sich hier gut in Verfahren des *peer-editing* einarbeiten. Ziel dieser kreativen Aufgaben ist es, anhand einiger Leerstellen den geheimnisvollen Motiven und Verhaltensweisen des Nawabs und der Begum eine Sprache zu verleihen, als Bezugspunkt ist Harry als kritischer Vertreter der westlichen Kultur der Adressat, schon allein um den Realitätsgehalt der möglichen Gespräche zu gewährleisten.

1. The first dinner
Im Roman ist der Nawab durch sein ambivalentes Auftreten und die Kommentare seiner Umwelt charakterisiert. Das Gespräch mit Harry soll die Möglichkeit für mehr Offenheit bieten, auch wenn deutlich werden sollte, dass Harry trotz aller Offenheit emotional und sozial vom Nawab und seiner Zuwendung abhängig ist. Einige SuS werden sicher in ihrer Interpretation im Laufe des Romans so weit gehen zu behaupten, dass er aufgrund seiner Homosexualität vom Nawab missbraucht wird. An dieser Stelle des Romans werden sich die beiden Charaktere in ihren Bewertungen noch einig sein, jedoch könnte die eine oder andere Formulierung darauf hindeuten, dass Harrys Rolle sich durch Olivias Auftreten verändern wird.

2. The Picnic
Bei diesem Gespräch sollen die SuS der Begum (in der indirekten Rede) eine Stimme verleihen, wobei davon ausgegangen werden kann, dass sie ihrem Sohn gegenüber deutlicher gesprochen haben wird als Harry gegenüber. Da es aber keine Stelle im Roman gibt, an der die Leser und Leserinnen einen Einblick in die Gedankenwelt dieser starken Frau bekommen, so sind die SuS hier sehr gefordert, da sie sich nicht nur in andere Generationen, sondern auch in völlig andere Welten hineinversetzen sollen. Wichtig ist, dass Harrys zunehmende Skepsis und seine Sorge um Olivia, aber auch seine Eifersucht deutlich werden. Ob die SuS bereits an dieser Stelle annehmen, dass der Nawab einen konkreten Plan verfolgt, oder ob sie der Ansicht sind, dass er Olivia eher als willkommene Abwechslung begreift, ist Sache ihrer Interpretation und ihres Verständnisses dieses Charakters.

3. The Seduction of Olivia
Die SuS müssen an dieser Stelle entscheiden, wie viel der Nawab preisgibt und wie viel Harry bereits verstanden hat. Die Tatsache, dass er Olivia jedoch später erzählt, dass und wie der Nawab über die Reaktionen der Engländer auf das Kind spekuliert, zeigt, dass die beiden sehr „deutlich" miteinander umgehen.

4. The Pregnancy
Hier können die SuS auch das spätere Gespräch zwischen Harry und Olivia einbeziehen, es sollte deutlich werden, dass der Nawab seine Macht über Olivia nutzen will, dass Harry sich innerlich verabschiedet und seinen Rückzug nach England beginnt. Die Tatsache, dass die Begum ohne weitere Kommentare die Abtreibung organisiert, lässt darauf schließen, dass sie eine andere Haltung als ihr Sohn einnimmt. Die SuS können hier eigene Begründungszusammenhänge gestalten.

5. The Abortion
In dieser Aufgabe sollen die SuS eine Art Bilanz des Mannes formulieren, der wie kein anderer Einblick in die Verhaltensweisen und Beweggründe aller Beteiligten hatte und der später der Ich-Erzählerin die wesentlichen Informationen über Olivia zur Verfügung stellen wird. Die SuS müssen sich hier entscheiden, ob Harry die Entwicklung eher resigniert, voller Trauer oder doch auch mit Erleichterung kommentiert und ob er Olivias Entschluss versteht, ob er ihr Ratschläge zu erteilen versucht oder die Dinge geschehen lässt.

Worksheet 6.5.: Olivia's letters – Creative writing

Das Arbeitsblatt könnte auch mit einzelnen Aufgaben der *Worksheets 6.2.* und *6.4.* kombiniert werden, um unterschiedliche Perspektiven einander gegenüberzustellen. Das jeweilige Lesepensum sollte in einer vorbereitenden Hausaufgabe bewältigt werden, je nach Kompetenzprofil bzw. Lernstand und Leistungsstärke der Lerngruppe können die Aufgaben zunächst in Partner- oder Gruppenarbeit oder auch im Plenum vorbereitet und konzipiert werden. Das Ausformulieren der Texte ist in der Regel leichter in einer (vor- oder nachbereitenden) Hausaufgabe zu bearbeiten.
Olivias Briefe spielen im Roman eine zentrale Rolle. Sie sind die einzigen Quellen, in denen Olivia selbst spricht. Sie sind die Zeugnisse, die Douglas' Enkelin später dazu anregen, sich auf die Spurensuche zu begeben und mit deren Hilfe sie ihren „Fortsetzungsroman" über Olivia konzipiert und in ihr *journal* integriert. Nach dem ersten Brief gibt es jedoch keine Zitate mehr und so sind die SuS hier gefordert, diese Leerstellen zu füllen und die authentischen Dokumente wieder herzustellen und von den Interpretationen und Wahrnehmungen der Ich-Erzählerin zu befreien.
Der jeweilige Erwartungshorizont für die einzelnen Produkte ergibt sich aus den Spiegelstrichen in der Aufgabenstellung. Die SuS können sich hier gut in Verfahren

des *peer-editing* einarbeiten. Ziel dieser kreativen Aufgaben ist es, Olivia eine Sprache zu verleihen, als Bezugspunkt ist Marcia – wie Harry eine durchaus kritische Vertreterin der westlichen Kultur – die Adressatin, allerdings müssen die SuS in ihrem Falle unbedingt bedenken, dass Marcia nie in Indien war.

1. The first dinner
Bereits dieser Brief kann verdeutlichen, dass Olivia in der britischen Kolonialwelt eine Außenseiterin darstellt. Der Brief dürfte darüber hinaus viele Fragen und Überraschungen enthalten, insgesamt jedoch eher enthusiastisch sein, ggf. könnten erste kritische Anmerkungen in Bezug auf Douglas formuliert werden.

2. The picnic
Hier sollten erste Selbstzweifel und auch die Herausforderung, die die fremde Kultur für Olivia darstellt, formuliert werden. Auch ist es wichtig, dass die SuS den Adressatenbezug nicht aus dem Blick verlieren. Olivia hat ihrer Schwester hier durchaus den einen oder anderen Zusammenhang ihrer neuen Lebenswelt zu erklären, wenn sie in ihrer Verunsicherung verstanden werden will.

3. The Seduction of Olivia
Während Olivia in der Szene eher schweigt, so bietet der Brief die Möglichkeit, all das zu formulieren, was sich ihr an Fragen oder Ängsten stellt. Die SuS haben aber auch die Gelegenheit ihre eigenen Wahrnehmungen und Fragen zu verarbeiten; dies gilt insbesondere für die Geschichte der Vorfahren.

4. The Pregnancy
Im Gegensatz zur Perspektive der Männer und der Begum ist Olivias Haltung frei von jeglichem Kalkül. Die Verzweiflung und zunehmende Entwurzelung der jungen Frau, die diesem Kind kein Zuhause geben kann, aber auch ihre Ängste und Zweifel an der Liebe der Männer und an ihren eigenen Gefühlen sollten deutlich werden.

5. The Abortion
Hier müssen die SuS entscheiden, ob Olivia zu diesem Zeitpunkt in der Lage bzw. bereit ist, über ihre Gefühle zu sprechen, oder ob sie ihre Schwester lediglich informiert und eher schweigsam wird, weil sie annehmen muss, dass ihre Schwester sie nicht verstehen kann. Es wäre auch möglich, dass die Umstände im Palast derart schwierig werden, dass Olivia sie nicht veröffentlichen möchte und eher resigniert. In irgendeiner Weise sollte bereits in diesem Brief deutlich werden, warum Olivia den Kontakt zur Schwester nahezu abbrechen wird.

Worksheet 6.6. - Zusammenfassung
Während die *Worksheets 6.1.–6.5.* unterschiedliche Aspekte und Fragestellungen zu einzelnen Entwicklungsschritten der Protagonistin und ihrer Umwelt in den Mittelpunkt stellen, Leerstellen nutzen und zum Perspektivwechsel anregen, so dient das *Worksheet 6.6.* dazu, die einzelnen Aspekte (z.B. als Vorbereitung für eine Klausur / fürs Zentralabitur) zusammenzufassen und arbeitsteiliges Arbeiten zusammenzuführen.
SuS, die wenig Erfahrung mit Elementen der szenischen Interpretation haben oder diese Methode nicht mögen, können alternativ zum Standbild eine *mind map* erstellen, diese sollte auf einer Folie präsentiert werden. Es wäre auch reizvoll, beide Ergebnisse gegenüberzustellen und in einer Methodenreflexion abschließend die erprobten analytischen und kreativen Zugänge zu reflektieren. Bei der Auswertung der Standbilder würde es darauf ankommen, die SuS genau beschreiben und begründen zu lassen, wen sie sehen und wie sie das dargestellte Beziehungsgefüge deuten. Die SuS der einzelnen Gruppen sollten vorher nicht bekannt geben, wer welche Rolle übernommen hat, die sollte sich aus der Beschreibung der Zuschauer ergeben (es wäre gerade spannend zu sehen, dass sich SuS ggf. nicht einigen können, wer die dargestellte Figur sein soll).
Je nach Ausführlichkeit der bearbeiteten Aspekte könnten die SuS in ihren schriftlichen Ausführungen abschließend folgende Zusammenhänge erarbeitet haben:

Olivia's relationships in 1923

Before Olivia "elope(s) with an Indian prince" (**6** 29) she has gone through several stages of love and longing, boredom and loneliness, excitement and passion, confusion and disgust, despair and exclusion which shape her state of mind, her relationships and her way of life.
When she leaves London and arrives in India, she settles as the young wife of Douglas Rivers, a respected and "proper Englishman" (**40** 15). Olivia admires her husband for his steadiness and she loves him looking at her "with the eyes of a boy who read adventure stories and had dedicated himself to live up to their code of courage and honour" (**37** 27f.). At the beginning she is full of hopes and expectations for her new life. However, after furnishing and decorating her grand and representative house to set an example of taste and style in the Civil Lines, and once she has built her "nest" (**11** 9) for her future family, she realizes that there is nothing left to do for her but wait for her busy husband to come home in the evenings. Her nest becomes a kind of deserted golden cage or even a prison because it does not only exclude the agonizing "heat and dust" (**16** 32, **69** 15, **108** 10) of the Indian climate but most of all the real (Indian) world with all its foreign and confusing, exotic and attractive signs of longing and challenging, ambivalent stories and experiences of life and death. She realises how lonely she is and her feelings for Douglas slowly change.At first sight Olivia appears to be a rather shy and sensitive wife, "susceptible to atmosphere" (**27** 2) and beauty. In public she is regarded as pretty and "frail" (**21** 25), and sometimes as a moody and spoilt young woman. Old Indian hands like Beth Crawford or Douglas perceive her as a young "aesthetic" (**27** 17) and a "newcomer" (**29** 17) who has to learn about all the strict rules, the conventions,

and the lines that have to be drawn (cf. Beth Crawford, **136** 39) and respected in the colonial world. However, meeting the handsome Nawab with his challenging looks and fascinating stories, Olivia feels that his palace is the "right place" (**17** 23) for her. She begins to fight for some changes, some entertainment in her daily routine and to rebel against the boredom and loneliness in her private life. More and more often she becomes "impatient" (**21** 6) with her husband and argues with him in an insistent and determined way (cf. **21**). She starts to cry for no obvious reason and puts emotional pressure on him. The two withdraw from one another, symbolized by her taking up "embroidery" and him constantly smoking his pipe and refusing to argue with her.

Being "inarticulate by nature" (**72** 19) Douglas indulges in his work and loves "to have her sitting there like that opposite him, sewing" (ibid.) in the evenings. The Englishman who never loses his temper adores his wife "but his feelings (are) always too strong for him and (make) him stutter" (**72** 21f.). In a matter-of-fact way, he blames the constant heat for Olivia's moods. However, the reader knows that Olivia is torn apart because of her secret meetings with the Nawab, and because of her growing feelings for the extremely articulate and charming Indian prince. As far as the climate is concerned Olivia feels "fine – entirely untroubled by the heat or the murky atmosphere. It (is) as if there (is) a little spring welling up inside her that (keeps) her fresh and gay" (**98** 19ff).

Realising subconsciously that Douglas' "face (has become) heavier, even somewhat puffy, making him more like other Englishmen in India" (**96** 23) and beginning to doubt his "manliness" (**98** 1), Olivia begins to criticize her husband's and the other colonialists' patronizing and condescending colonial attitudes. She feels like an outsider at the dinner parties and withdraws from colonial anecdotes and history lessons to watch the moon (for instance: **79**, **123**) shining above Kathm. She also speaks up in stubborn, miserable and desperate ways (**53**) although she knows that she should not "contradict or even argue with them" (**62**). Her countrymen do not take her criticism seriously but rather tend to laugh at it. Olivia, however, understands that India is changing her although she does not "want anything to change" (**98**). She learns that she is not able to resist the "magnetism" (**112**) which draws her towards the Nawab and which "she (has) never yet in all her life experienced with anyone" (**112**).

The only person she really confides in is her sister Marcia (**7**, **11**, **13**, **20**, **21**, **44**, **62**, **80**, **81**, **88**, **143**) in Paris who gets a series of very "personal letters" (**80**) after Olivia has met the Nawab secretly for the first time. The only one, however, who seems to understand her "restlessness" (**61**) and her growing feelings of estrangement (cf. **80**) in her community is Harry, the homosexual outsider, whose company becomes an "oasis for her" (**34**) while he appreciates the comfort of her home as his "oasis" (**21**). For several months Harry watches the development of the relationship between Olivia and the Nawab with feelings of understanding, doubt and helplessness. He also feels strongly attracted towards the Nawab and cannot let go of him although he suffers considerably from being treated like a "child" (**68**) and from his poor health. Harry does not appreciate the Nawab's seduction of Olivia and how he exploits her feelings for his personal revenge on the British (cf. **130**), who treat the prince like they treat all other Indian people – "as if he's a schoolboy" (**120**). The British upper middle-class enjoy the aura of royalty and try to put up with the Nawab as they would with a rather amusing, entertaining and spoilt child as long as he does not mix with the wrong peers. The latter are called "dacoits", "outlaws" or "desperados" (cf. **109**f.) in the political arena of colonial life and cause riots, robberies and murder in the Indian community. In the 'comedies of manners', however, which the British play in the evenings, these real-life-topics are all but forbidden, especially in the presence of women.

For a long time Olivia is unable to align her intimacy with the Nawab with the constant rumours about his political machinations. He makes her "feel like the only person that matter(s)" (**42**) and she deludes herself when he carries out his practices in Kathm secretively and openly at the same time, using her as a "spy" (**88**). When she is with him, Olivia loses all her sense of independence, determination, reason and rebellion. She learns and accepts that it is her job to please him and to "listen" (**109**), to comfort him and to make up for the condescending treatment of her countrymen. In order to free herself from the boredom at home and the subconscious pressure of her overwhelming (erotic / sexual) secrets, she tries to rescue her old life and desperately wants to have a child. Symbolically Olivia makes a wish for it at the Saunders' angel and at Baba Firdaus' shrine, and both places foreshadow her story: She becomes pregnant and she loses her child. The fact that both men in her life react to her pregnancy with the sentence "you'll really do this for me" (**124-125**) opens her eyes and she understands that she is trapped. She does not live in one of Scheherazad's stories but in the real world of British India. Realizing that the Nawab's feelings for her and his possessiveness are as ambivalent as they are selfish and tactical she believes that she can only solve her dilemma by having an abortion.

When she visits the Indian midwives, Olivia becomes a transgressor who crosses the 'civil lines' that were drawn for her. The abortion is her point of no return, she loses her 'innocence', her social life, her past and her future, she falls silent and withdraws into the everlasting presence of the mountains without explaining anything to anybody. The English people shy away from her "memory" (**6**) and it takes two generations before the secrets of her life become a dominant question in the life of Douglas' granddaughter, who decides to reconstruct Olivia's story with the help of Marcia's letters and her own experiences when she feels that her own life "is too lacking in essentials" (**105**).

7. Component II: Relationships in the 1970s

Die Arbeitsblätter in diesem Modul leiten die SuS dazu an, die Entwicklung der Ich-Erzählerin in Indien anhand einer Analyse ihrer Beziehungen herauszuarbeiten und die Frage zu beantworten, was die junge Frau dazu bewog, ihre gesicherte Existenz in London aufzugeben, sich auf die Spuren der ersten Frau ihres Großvaters zu begeben, eine Beziehung mit einem verheirateten Inder zu beginnen und ihn zu verlassen, ohne ihm zu erzählen, dass sie ein Kind von ihm erwartet, für das sie die alleinige Verantwortung übernehmen möchte.
Zur genaueren Analyse sind Situationen gewählt, die als wesentliche Stationen in der Entwicklung der privaten Beziehungen der Erzählerin gedeutet werden können, die andererseits die Parallelen und Unterschiede zur Geschichte Olivias verdeutlichen und ihre Haltung zur indischen Lebenswelt verdeutlichen sollen.
Die Aufgaben der Arbeitsblätter 7.1. bis einschließlich 7.4. können je nach Schwerpunktsetzung von der ganzen Lerngruppe bearbeitet werden, sie können aber auch arbeitsteilig eingesetzt und in einem Gruppenpuzzle oder im Plenum durch Präsentationen ausgewertet werden. Das jeweilige Lesepensum sollte in einer vorbereitenden Hausaufgabe bewältigt werden, je nach Kompetenzprofil bzw. Lernstand und Leistungsstärke der Lerngruppe können die Aufgaben dann in Partner- oder Gruppenarbeit oder auch im Plenum vorbereitet, konzipiert, bearbeitet und diskutiert werden.

Worksheet 7.1.: The Narrator and Inder Lal - Analysis

Dieses Arbeitsblatt kann mit dem *Worksheet 7.2.* kombiniert werden, so könnte ein Teil der Lerngruppe die vorgegebenen Textstellen analytisch bearbeiten, während ein anderer Teil der Lerngruppe mit dem handlungs- und produktionsorientierten Ansatz arbeitet. Oder: Die SuS bearbeiten die beiden Geschichten parallel und verknüpfen diese Aufgaben arbeitsteilig mit den *Worksheets 6.3.* und *6.4.*
Die Aufgaben sind immer so konzipiert, dass sie auch schriftlich als (vor- oder nachbereitende) Hausaufgabe gestellt werden können. Die gängigen Operatoren werden somit in unterschiedlichen Arbeitsformen immer wieder eingeübt und auch für die SuS überprüfbar (z.B. durch Verfahren des *peer-editing* für schriftliche Hausaufgaben).

1. On arrival

Bereits bei der Ankunft wird deutlich, dass die Ich-Erzählerin in eine ganz andere Lebenswelt eintaucht als Olivia. Ms Rivers registriert die Veränderungen der Gebäude, der sozialen Strukturen und der Kommunikation, gleichzeitig schwingt in ihren Beschreibungen eine leise Enttäuschung mit, denn das Spektakuläre, das Olivia faszinierte, ist einer praktischen Alltagsbewältigung gewichen. Insbesondere der verfallene und verstaubte Palast verdeutlicht, dass Olivias Leben „Geschichte" geworden ist. Anhand eines *close reading* ist es wichtig herauszustellen, dass die Erzählerin die Realität zwar wahrnimmt, dass diese Wahrnehmung aber immer wieder überlagert wird von den alten Erzählungen.

2. Making friends

Während sich Olivia in der kleinen, wohlhabenden Welt des Nawab und seiner dominaten Mutter zurecht zu finden suchte, lernt die Ich-Erzählerin die traditionellen Strukturen und den Alltag einer Hindu-Familie der unteren Mittelschicht in Satipur kennen, eine Welt, die Olivia nur einmal im Schleier der *burqua* wahrgenommen hat. Es ist wichtig herauszuarbeiten, wie sich die Beziehung zwischen Inder Lal und der Erzählerin verändert und dass beide voneinander lernen. Die angegebenen Textstellen sind auch gut geeignet, die Rolle von *arranged marriages* zu diskutieren und ggf. weitere Beispiele im Internet zu finden. Deutlich herausgearbeitet werden sollte auch die ebenso unbefangene wie dominante Rolle von Inder Lals Mutter.

3. Ritus Krankheit

Während Karim und Kitty, die jungen Nachfahren des muslimischen Herrschers, in London leben, weil sie u.a. die indische Hitze und das indische Essen auf Dauer nicht vertragen, muss Inder Lals Familie mit beidem zurecht kommen. An keiner Stelle des Romans wird deutlich gesagt, welche Krankheit Ritu hat, ob sie psychisch krank ist, ob sie die Rolle der einsamen Ehefrau, die ihre Pflichten zu erfüllen hat, nicht verkraftet und psychisch krank wird, weil sie nicht ausbrechen kann, ob sie unter ständigen Albträumen und / oder Wahnvorstellungen leidet, ob ihre Anfälle zunehmen, weil sie die Hitze nicht verträgt, oder ob sie Epileptikerin ist. Wie die Erzählerin können die SuS hier nur spekulieren. Gleichzeitig sind der Umgang mit ihren Anfällen und die Wahrnehmung ihrer Krankheit ein spannendes und sehr ergiebiges Beispiel um kulturell bedingte Interpretationsmuster herauszuarbeiten und zu fragen, ob die Erzählerin eigentlich ein Recht hat sich hier mit ihren (vorschnellen?) Ratschlägen einzumischen.

4. Seducing Inder Lal

Auch die Begegnung zwischen Inder Lal und der Erzählerin und die Verführung des Mannes ist eine Begegnung, die von kulturellen Missverständnissen und unterschiedlichen Erwartungshaltungen geprägt ist. Die beiden finden eher beiläufig zueinander, weil sie aus unterschiedlichen Gründen dem Alltag entfliehen wollen. Ihre Sprache und ihre Sprachlosigkeit, die ja auch die Begegnung des Paares im Jahre 1923 prägte, haben jedoch die Gewalt verloren, die sie noch über Olivia hatten. Beide genießen den Moment und die Tatsache, dass sie für Augenblicke der Wirklichkeit entfliehen können. Die Erzählerin sehnt sich nach ein wenig Romantik, die den Alltag überlagern und die Hitze erträglicher machen könnte. Inder Lal wird mit seinen Vorurteilen gegenüber Europäerinnen konfrontiert. Wichtig ist es, den SuS Zeit zu geben, die möglichen Bilder, die Inder Lals Wahrnehmung prägen bzw. geprägt haben, zu entwickeln.

5. The Pregnancy
Die Nachricht von ihrer Schwangerschaft nimmt die Erzählerin gelassen auf, auch bleibt es ein „Frauenthema". Die *midwives* im Ort erkennen die Situation der Ich-Erzählerin, sie bespricht sich mit Maji. Mit Chid oder Inder Lal kann und will sie jedoch nicht sprechen. Es verlangt ein äußerst genaues Lesen, um herauszuarbeiten, dass der Erzählerin in den Begegnungen mit den beiden Männern immer wieder kulturell bedingte Bilder durch den Kopf gehen (Lord Shiva, Krishna), die eine Wahrnehmung der Personen verstellen. Einerseits scheint sie sich den Männern und ihren Bedürfnissen hinzugeben, andererseits bleibt sie auf Distanz, spielt mit ihnen und erkennt ihre Gegenüber nicht. Diese wirken daher immer wieder auch stereotyp. Dass Olivia und die Ich-Erzählerin in völlig unterschiedlichen sozialen Welten leben, wird auch an der Tatsache erkennbar, dass die Erzählerin sich ganz selbstverständlich das Recht nimmt, frei entscheiden zu können. Was diese Entscheidung für ihr Kind bedeuten wird, darüber kann wiederum nur spekuliert werden, denn ihr *Journal* endet etwas hilflos und offen mit der Selbsterfahrung und dem Rückzug der jungen Frau. Die SuS können auch diskutieren, ob das Schweigen der Erzählerin bezüglich ihrer Schwangerschaft als (selbstgerechte) Vorstufe zum *‚celebrity run'* (Madonna, Angelina Jolie, Gerhard Schröder) auf Kinder aus sog. Entwicklungsländern gesehen werden kann, ob die Erzählerin Inder Lal damit schützen möchte oder ob Inder Lal das Recht hätte von seiner Vaterschaft zu erfahren (vgl. Klausur 2).

6. The midwife
Maji bleibt in all ihrer Menschlichkeit und Weisheit letztlich ein Geheimnis, sie versteht mehr als sie sagt bzw. in dieser Kommunikationssituation sagen kann oder will. Sie ist neben Leelavati die einzige Gestalt des Romans, die nur positiv besetzt ist, gerade als Gegensatz zu den *holy men*, von denen berichtet wird, ist sie gelebte Alternative.

7. Leaving Satipur
Während sich die Erzählerin zu Beginn des Romans eher in den Geschichten Olivias verliert und diese nacherlebt bzw. wieder zu beleben versucht, so endet ihre Auseinandersetzung eher mit Unverständnis und vielen Fragen. Schließlich holt die indische Wirklichkeit der 70er Jahre auch die Idylle des einsamen Hauses in den Bergen ein, das Haus soll beschlagnahmt werden.

Worksheet 7.2.: The Narrator and Inder Lal – Creative Writing
Das ganze Arbeitsblatt kann mit dem *Worksheet 7.1.* (oder den *Worksheets 6.3. und 6.4*) kombiniert werden, so könnte ein Teil der Lerngruppe wiederum die vorgegebenen Textstellen analytisch bearbeiten, während ein anderer Teil der Lerngruppe mit dem hier entwickelten handlungs- und produktionsorientierten Ansatz arbeitet. Das Ausformulieren der Texte ist in der Regel leichter in einer (vor- oder nachbereitenden) Hausaufgabe zu bearbeiten.
Alle Aufgabenstellungen versuchen Leerstellen im Roman zu nutzen und beziehen sich auf die gleichen Situationen, die im *Worksheet 7.1.* ausgeführt sind. Sie leiten die SuS an, diese zu füllen und die jeweilige Situation dadurch perspektivisch (neu) zu deuten. Sollten die SuS wenig Erfahrung mit diesen produktiven Aufgabenstellungen haben, so bieten die *Worksheets 6.7. und 6.8.* (vgl. Component I) hier methodische und sprachliche Hilfestellung an. Als Textsorten berücksichtigt sind *diary* und *letter*, wobei die Schreibsituationen so angelegt sind, dass sie viel mit einem *interior monologue* und mit dialogischem Sprechen zu tun haben. Der jeweilige Erwartungshorizont für die einzelnen Produkte ergibt sich aus den Spiegelstrichen in der Aufgabenstellung. Die SuS können sich hier gut in Verfahren des *peer-editing* einarbeiten und die eigenen Texte vor einer Präsentation gemeinsam überarbeiten.
Die Schreibsituation der Briefe der Ich-Erzählerin ist offen gehalten und bietet den SuS die Möglichkeit die Adressatengebundenheit dieser Textsorte an einzelnen Beispielen zu diskutieren, gleichzeitig müssen einzelne Ereignisse aufgrund der jeweiligen Adressaten ggf. anders geschildert werden als im *Journal*. Inder Lals Tagebuch bietet die Möglichkeit, das Verhalten und die Wahrnehmungen der Ich-Erzählerin in Frage zu stellen oder auch zu bestätigen. Es ist wichtig, dass die SuS zur Ausgestaltung dieser Perspektive seine Lebenswelt genau in den Blick nehmen und ggf. mit Zusatzmaterialien arbeiten, damit diese Perspektive nicht vereindeutigt bzw. gänzlich vom Eigenen überlagert wird. In der Abfolge der Eintragungen sollten ein zunehmendes Selbstbewusstsein, aber eine gleich bleibende Melancholie deutlich werden.
Die einzige Aufgabenstellung, die vom Schema *letter – diary* abweicht, ist **The midwife.** Sie versucht anhand der vorgegebenen Textstelle die Geschichten von Olivia und der Ich-Erzählerin durch Majis Perspektive zu verknüpfen und Parallelen und Unterschiede aus unterschiedlichen Perspektiven zu betrachten. Maji könnte so auch den Frauen eine Stimme verleihen, die in der Abtreibungsszene aufgrund der Rollenverteilung zum Schweigen verurteilt sind.

Worksheet 7.3.: The narrator and Chid – Analysis
Das ganze Arbeitsblatt kann auch mit dem *Worksheet 7.4.* sowie mit einigen Aufgaben der *Worksheets 6.1. und 6.2.* (Bezug: Harry) kombiniert werden, da wiederum ähnliche Situationen gewählt sind, um die Beziehungskonstellationen deutlich herauszuarbeiten.
So könnte wiederum ein Teil der Lerngruppe die vorgegebenen Textstellen analytisch bearbeiten, während ein anderer Teil der Lerngruppe mit dem handlungs- und produktionsorientierten Ansatz arbeitet. Die Aufgaben sind immer so konzipiert, dass sie auch schriftlich als (vor- oder nachbereitende) Hausaufgabe gestellt werden können. Die gängigen Operatoren werden somit in unterschiedlichen Arbeitsformen immer wieder eingeübt und auch für die SuS (z.B. beim *peer-editing*) überprüfbar.

1. The First Meeting
Es ist wichtig, dass die SuS in dieser Passage herausarbeiten,

dass die Körpersprache des Engländers häufig mehr verrät als das, was er predigt, auch sollten die SuS prüfen, ob einige seiner Aussagen und seiner Verhaltensweisen nicht völlig widersprüchlich sind. Wichtig ist, dass die Selbstbezogenheit und die Verlorenheit seines Charakters deutlich werden, dass die SuS aber auch diskutieren, warum/dass die indische Familie ihn sehr freundlich aufnimmt, während die Ich-Erzählerin sein Verhalten eher negativ kommentiert.

2. Sharing her new home with a white sadhu

Die Beziehung zwischen der Ich-Erzählerin und Chid wird von SuS mit Humor, mit Unverständnis, mit Befremden, mit Neugierde oder auch als Provokation wahrgenommen. Gleichzeitig verdeutlicht die Auseinandersetzung mit dieser Gestalt, wie historisch die Zeiten der ‚freien Liebe' geworden sind. Ein Exkurs zum Thema AIDS in Indien und eine entsprechende Internetrecherche könnten hier eingeschoben werden und die Historizität dieser Beziehung und dieser Sorglosigkeit verdeutlichen (vgl. auch die durchaus gefährliche Unbefangenheit bzw. die offensichtliche Unwissenheit der Erzählerin, mit der sie Chid und Leelavati anfasst, die bei der heutigen Schülerschaft eher Kopfschütteln auslösen).

3. Chid's return from the mountains

Chids Verwandlung bleibt hier nahezu unerklärt, bietet Anlass zu Spekulationen, zeigt aber auch wie sehr die Ich-Erzählerin mit sich selbst und den Bildern in ihrem Kopf beschäftigt ist (vgl. die Nächte, die sie mit Inder Lal verbringt, während Chid im gleichen Raum vor sich hindämmert).

4. Dr Gopal and his attitude to Westerners in India

Dr Gopal und seine selbstbewussten Ansichten bieten spannenden Diskussionsstoff, die Gestalt ist neben Major Minnies eine der schillerndsten des Romans und sollte von den SuS unbedingt ausgestaltet werden, da er der einzige Inder ist, der sich traut zu widersprechen, Position zu beziehen und soziale/globale Verhältnisse und westliche Wahrnehmungen bzw. Ansprüche anzuklagen, während Inder Lal seine devote Haltung nie ganz ablegen kann (vgl. als Zusatzmaterial das Gedicht *Development Set (Worksheet* 10.2.2.) und den Klausurtext Nr. 3 aus Jamaica Kindcaids *A Small Place).*

5. Chid's return home

Die Diskussion verlangt eine gute Textkenntnis, aber auch entsprechendes Hintergrundwissen zum Hippie-Movement (vgl. Romansausgabe **158** f. sowie entsprechende Seiten im Internet). Durch Majis Perspektive können die SuS auch versuchen der Gestalt noch einmal mit Empathie zu begegnen.

Worksheet 7.4.: The narrator and Chid – Creative Writing

Das Arbeitsblatt kann mit dem W*orksheet 7.3.* und in Teilen mit einzelnen Aufgaben des *Worksheets 6.1. und 6.2.* kombiniert werden (Bezug: Harry). So könnte ein Teil der Lerngruppe die vorgegebenen Textstellen analytisch bearbeiten, während ein anderer Teil der Lerngruppe mit dem hier entwickelten handlungs- und produktionsorientierten Ansatz arbeitet. Das Ausformulieren der Texte ist in der Regel leichter in einer (vor- oder nachbereitenden) Hausaufgabe zu bearbeiten. Allerdings könnte der Dialog auch gut in Partner- bzw. Gruppenarbeit formuliert und in verteilten Rollen vorgetragen werden.

Alle Aufgabenstellungen versuchen auch hier Leerstellen im Roman zu nutzen und leiten die SuS an, diese zu füllen und die jeweilige Situation perspektivisch zu deuten. Sollten die SuS wenig Erfahrung mit diesen Aufgabenstellungen haben, so bieten die *Worksheets 6.7 und 6.8.* hier sprachliche Hilfestellung an. Als Textsorten berücksichtigt sind *dialogue, diary* und *letter.* Im Dialog sind die SuS hier sprachlich auch gefordert, entsprechende Formen der indirekten Rede anzuwenden.

Der jeweilige Erwartungshorizont für die einzelnen Produkte ergibt sich aus den Spiegelstrichen in der Aufgabenstellung. Die SuS können sich gut in Verfahren des *peer-editing* einarbeiten. Ziel dieser kreativen Aufgaben ist es, anhand einiger Leerstellen einerseits den undurchsichtigen Motiven und Verhaltensweisen Chids und andererseits Dr Gopals Weltsicht eine Sprache zu verleihen. Die gewählten Situationen sind identisch mit den Situationen im *Worksheet* 7.3..

Der Dialog zwischen Dr Gopal und der Ich-Erzählerin verlangt nicht nur *close reading,* sondern auch eine Internetrecherche oder von der Lehrkraft zusammengestellt Zusatzmaterialien. Es könnte sich auch anbieten, verschiedene Menschenrechts- oder Hilfsorganisationen anzuschreiben (z.B. Ärzte ohne Grenzen, Terre des Hommes, Unicef, VSO, etc.).

Worksheet 7.5. Zusammenfassung

Während die W*orksheets 7.1. – 7.4.* unterschiedliche Aspekte und Fragestellungen zu einzelnen Entwicklungsschritten der Protagonistin und ihrer Umwelt in den Mittelpunkt stellen, Leerstellen nutzen und zum Perspektivwechsel anregen, so dient das *Worksheet 7.5.* dazu, die einzelnen Aspekte (z.B. als Vorbereitung für eine Klausur / fürs Zentralabitur) zusammenzufassen.

SuS, die wenig Erfahrung mit Elementen der szenischen Interpretation haben oder diese Methode nicht mögen, können alternativ zum Standbild eine *mind map* erstellen, diese sollte auf einer Folie präsentiert werden. Es wäre auch reizvoll beide Ergebnisse gegenüberzustellen und in einer Methodenreflexion abschließend die erprobten analytischen und kreativen Zugänge zu reflektieren. Bei der Auswertung der Standbilder würde es darauf ankommen, die SuS genau beschreiben und begründen zu lassen, wen sie sehen und wie sie das dargestellte Beziehungsgefüge deuten. Die SuS der einzelnen Gruppen sollten vorher nicht bekannt geben, wer welche Rolle übernommen hat, die sollte sich aus der Beschreibung der Zuschauer ergeben (es wäre gerade spannend zu sehen, dass sich SuS ggf. nicht einigen können, wer die dargestellte Figur sein soll).

Je nach Ausführlichkeit der bearbeiteten Aspekte könnten die SuS hierbei abschließend folgende Zusammenhänge erarbeitet haben:

The Narrator's Relationships in the 1970s

Before the narrator climbs the mountains to reach "a sort of ashram" and to give birth to her child, she has gone through several stages of boredom and loneliness, doubt and curiosity, excitement and longing, confusion and despair, through experiences of communion and rapture, moments of contemplation and understanding which shape her state of mind, her relationships and her way of life.
When she arrives in India she soon realizes that the reality of Indian everyday life is different to what she had expected after having spent some time with "memoirs", "letters" and "prints" (**7** 14) in London. The European people she meets in a guesthouse in Bombay after arriving in this new world look like ghosts (**8** 7), like "a derelict lot" (**9** 10) or like "souls in hell" (**10** 5). "India always changes people" (**7** 8); this is one of the most important lessons she learns. But why does she herself neither turn into a ghost nor feel like a soul in hell?
Ms Rivers is not a typical 1970s tourist, her mission is a different one. She tries to discover Olivia's story and by doing so she writes her own one, and again and again it is her imagination of the past which shapes a present that seems to be unbearable, unpredictable or incomprehensible to her at times. In Satipur Ms Rivers is welcomed by Inder Lal who appears to be shy and almost submissive in front of her. He has nothing in common with the ambivalent and fascinating Indian Prince that Olivia eloped with. Inder Lal is lucky to have got one of the popular jobs with the local government. However, he is constantly depressed because of the arguments and the corruption he has to cope with at work. Being together with the narrator he is "always glad to be learning something new" (**103** 24), and listens "eagerly" (**103** 32) to practise his English. Thus, being rather servile and happy to help her, he longs for a bit of European style in his house and realizes only slowly that it is exactly this that the narrator wants to get rid of.
The women in the household treat the narrator like a strange curiosity, and although she wears Indian clothes (**12**), this tall white woman remains an outsider who is "appraised" (**12** 13) everywhere. Inder Lal's mother even saves the rubbish she throws away, "a wrapper of chocolate (...), corks, empty bottles, shreds of cloth" (**103** 38). Having settled with Inder Lal and his family, the narrator tries to come to terms with "living among them – no longer apart" as it used to be in Olivia`s India (**12** 19). However, the Indian homelands she discovers are shaped by poverty, over-crowdedness and "decay" (**16** 23). There is nothing left of the colonial grandeur or the exotic dreams she might have indulged in when reading Olivia's letters. The India the narrator discovers is a very different world, much more down to earth and exposes the wounds of history:
The personal "nest" that Douglas' first wife had built has been turned into an office building where she finds the Water Board, the municipal Health Department and a post office. The Collector's house, in which Beth Crawford had resided, has become the Office of Disposal and Supplies. Both are furnished with the same "ramshackle office furniture" (**44** 11). In her perception Khatm is a "wretched little place" (**14** 16) with a palace that is an empty "marble shell" (**15** 10f.) with just a few "dusty" leftovers of old Victorian furniture that look like "shipwrecks" (**15** 12). The derelict Muslim Mosque and the Hindu shrine, which is open to the public, are evidence of the migrationary effects of Partition. The Saunders' bungalow which overlooks the old British cemetery has been turned into a "gloomy" (**24** 37) travellers' rest house which "smell(s) dead" (**24** 34). It's the place where she discovers a dead squirrel which reminds us of Olivia's similar experience when with the Nawab at the piano (**73** 32). Whereas the squirrel in 1923 simply ran for its life as if it shied away from a danger that Olivia was not yet able to perceive, the present one could exemplify (metaphorically) that the weak do not survive in modern India although in divine mythology Rama had wanted them to have their place in his society. Even the traditional, symbolic places have changed and with them the memories they hold. The Saunders' marble angel has become a "headless, wingless torso" (**25** 11) and the colonial graves with their stories of brave soldiers and kind fathers are "weed-choked and stripped off" (**25** 13) and have become allegories of a time gone by. Baba Firdaus' grove is not a quiet, secluded and romantic place but a noisy fair packed with pilgrims and loudspeakers when she visits it for the first time.
Confronted with these unexpected and at times off-putting impressions of the past, the narrator begins to reconstruct the old story and to "work on" (**43** 34) Olivia's letters and on her own journal. At the same time she often accompanies Inder Lal who begins to talk to her about very personal things like the arranged marriage with his wife, about Ritu's fair complexion and her poor state of mind and health. Ms Rivers enjoys him confiding in her and feels attracted by his sense of melancholy and a longing in his eyes. At nights she discovers that Ritu has terrible fits which are silenced rigorously by her mother-in-law. And it is also Inder Lal's mother who starts to take the Englishwoman to different places in town to meet other middle-aged widows who seem to enjoy their status and their freedom whereas Ritu shies away from the English visitor and is kept away from a social life with others. The Englishwoman, however, (sentimentally?) indulges in "a sense of communion" (**46** 40) and a feeling of "happiness" (**46** 39) which she has never felt before.
Her relationship to Chid is an example of her puzzling experiences in India because she, who thinks of herself as

a rather self-disciplined, sober and determined woman, learns that she can simply give in to his needs without knowing why. The narrator, in her matter-of-fact way, wants to help and offers her room to the British *sadhu* when she finds him ill near a derelict and desecrated royal tomb. And although he gets on her nerves with his idiosyncratic talks, his impolite and utterly selfish behaviour and his untidy appearance, she puts up with him. And although he drives her mad at times with his "fireworks of high-flown Hindu-doctrine" (**114** 38), she feels some kind of bond to this 'holy man' with his Midlands accent who uses her body like the beads in his hands. And although she considers him to be not very handsome and "quite sexless" (**57** 13) she enjoys his "constant erections" (**57** 15) which remind her of Lord Shiva, the god of destruction. When Chid does neither leave after being cured nor allow her any privacy, she tries to throw him out – unsuccessfully. It is Maji who finally rescues the narrator, because Ritu's state of mind does not get any better, just like the heat is getting more and more unbearable and makes everybody irritable. Instead of consulting a doctor or a psychiatrist, Maji advises them to go to the mountains where it is cooler and recommends Chid to accompany Ritu and her mother-in-law.

Ms Rivers tries to immerse even deeper into the Indian world and just lets things happen. Thus she is confronted with utter helplessness when she watches Leelavati die in the streets (**90-96**). Her perception of the community changes when she begins to judge from a European perspective and she goes through feelings of incomprehension, guilt and powerlessness when she simply has to accept that there is nothing she can do but be there. Nevertheless even after several months she still believes that she understands the situation better than Inder Lal who has lived in these surroundings all his life. It is the outspoken Dr Gopal, however, who tries to teach her a lesson. The way Leelavati finally leaves the world and Maji's natural and wise presence stay with the disconcerted reader, and this portrayal of poverty, human dignity and death is perhaps the most powerful scene in the novel.

In contrast to this, the sexual encounter with Inder Lal at Baba Firdaus' shrine simply happens after they have got rid of all their prejudices and (ignorant) expectations. When Inder Lal begins to come "creeping up" (**115** 4) to the narrator's room at night, she indulges in their somewhat unworldly meetings in the dark when Inder Lal "cannot see" (**115** 17) the narrator and her off-putting "appearance" (**115** 18) which could refer to the colour of her skin (and his prejudices towards white women) and to the fact that she looks like a *hijra* in Indian eyes.

When the ill Chid returns "as a Christian boy" (**114** 21f.) to her room, the narrator does not mind that he lies, groaning, next to them on the ground. She cannot imagine any longer all his "tremendous feats on (her)" (**115** 11f.) as if he were Lord Shiva, now Ms Rivers enjoys Inder Lal's "affection and playfulness" (**115** 22). Having sex with the lonely Indian man who "trusts (her) completely" (**115** 14) reminds her of "those stories that are told of the child Krishna and the many pranks and high-spirited tricks he got up to" (**115** 24ff.). The narrator indulges in images and pictures but the question has to be asked if she really takes much notice of him. While he is trying to get away from his everyday life of fraud, poverty and corruption, the narrator does not really want to hear any of these real problems.

Finally, however, Ms Rivers has to leave and return to the real world when she finds out that she is pregnant and that Inder Lal is neither an Indian prince nor an Indian god. 'Oddly enough' just like Douglas (cf. **116** 3) he is a young man who tries to be "a good husband and father" (**116** 5) who wants his family to survive in a country where "things get mixed up" (**57** 21) or suffer from "mutilation" (**115** 35). At the British graveyard with Inder Lal, she decides that she cannot talk about her pregnancy and that the romantic part of Olivia's story is a fantasy. However, for the time being, the narrator keeps silent because she does not "want to spoil anything" (**116** 8).

The only person the narrator eventually confides in is Maji, who seems to be pleased that Ms Rivers has decided to move to the mountains to have her baby. According to Maji this means that she is not running away. Once in the mountains the narrator realizes that there are many things that she has not understood about Olivia and her life. She observes things left in the house which reveal her (Olivia's) standard of living but neither knows nor understands how Olivia`s life in the mountains shaped her state of mind and her attitudes towards India. She decides to leave everything behind and to come to terms with becoming the single mother of an Anglo-Indian child somewhere in the middle of nowhere in the lonely mountains of this country "which always changes people" (**7** 8).

Worksheet 7.6.: Past and Present - Olivia and the Narrator

Dieses Arbeitsblatt versucht die beiden Protagonisten gegenüberzustellen: In ihren Beziehungen zu sehr unterschiedlichen indischen Männern, in ihren Möglichkeiten und Grenzen mit dem indischen Klima zurecht zu kommen, anhand einer Betrachtung des „Bandes" zwischen Olivia und der Erzählerin (letters) und anhand einer direkten Charakterisierung., die die Erzählerin vornimmt, als sie sich selbst gegen eine Abtreibung entscheidet.

Das Arbeitsblatt kann arbeitsteilig bearbeitet werden, indem die Aufgaben auf fünf Gruppen verteilt werden, die ihre Ergebnisse einander vorstellen bzw. zur Diskussion stellen. Bei heterogenen Lerngruppen können hierbei die Gruppen binnendifferenzierend von LuL eingeteilt werden. Alle Aufgaben erfordern eine gute Textkenntnis und genaues Lesen.

1. Comparing herself with Olivia

Anhand eines Zitates können die SuS hier noch einmal wesentliche Charakterzüge und die Handlungsmotive der beiden Frauen gegenüberstellen. Die Einschätzung der Erzählerin bleibt jedoch eher oberflächlich, da sie nicht zwischen den historischen Lebenswelten und den sehr unterschiedlichen Frauenrollen sowie dem sozialen Hintergrund der Männer unterscheidet.

Olivia	The Narrator
- is feminine, pretty , curious	- is sensual, tall, slim, rather tomboyish
- depends on her husband, however, she begins to lead a secret life (with Harry and the Nawab)	- independent, takes initiatives (her seduction of Inder Lal, for example, her visits to Maji's hut),
- enjoys the pomp and showiness which the exotic Indian world of the Nawab can offer her	- wants to get involved in the everyday life in Satipur, however, she is not able to lose her feelings of superiority
- appreciates luxury and attention	- does not care about material things in India; wants to leave this life behind for a while
- is sensitive and passionate, repressed, becomes more and more self-confident and independent in her way of thinking	- is down-to-earth and matter-of-fact, curious, self-confident, sometimes condescending without realizing it
- enjoys compliments and social gatherings, wants to get involved	- longs for a feeling of communion to get away from her loneliness
- is politically naïve, she does not (want to) understand the system and to accept the role she has to play	- is not a political person, she is not interested in Inder Lals stories about work and she does not want to accept Dr Gopals criticism
- wants to get away from the narrowness, the prejudices and boredom of her colonial life which she begins to despise	- longs for direction and meaning in her life, but although she has travelled so far, the only person she really encounters is herself
in society she has to play the roles the men want her to play	-she decides by herself what roles she wants to play

2. The Role of Heat and Dust for the two Women

Das Klima, der heraufziehende Monsoon und der alles überlagernde Staub beeindrucken, verändern und belasten beide Frauen. In der Rekonstruktion der alten Geschichte bewältigt Olivia das Klima besser als die Ich-Erzählerin, da sie in geschützteren Zusammenhängen lebt und besser versorgt wird. Alle heimlichen Begegnungen zwischen den Engländerinnen und ihren Liebhabern werden metaphorisch durch entsprechende Bezüge eingeleitet. Die SuS sollten hier genau lesen und möglichst chronologisch vorgehen, um die Steigerung zu erfassen.

3. The Narrator and Olivia's Letters

Olivias Geschichte dient vor allem dazu, dem Leben der Erzählerin eine Bedeutung zu geben, indem diese sie nacherlebt, vielleicht sogar erfindet. Es gibt nur wenige Zitate aus den Briefen, jedoch immer wieder werden sie erwähnt, wenn die Erzählerin bestimmte Orte besucht und Begegnungen herausfordert. Die Vorausdeutungen ‚unter umgekehrten' Vorzeichen machen den Ablauf der Geschichte (überdeutlich) vorhersehbar. Es wird jedoch nicht explizit ausformuliert, was die Erzählerin eigentlich finden wollte: Eine Antwort auf die Frage, warum Olivia mit einem indischen Prinzen druchgebrannt ist, diese Frage müssen die SuS beantworten.

4. The Effect of India on Olivia and the Narrator

Biographisch gesehen ist diese Geschichte vor allem auch die Geschichte der Erzählerin und sie belügt sich, wenn sie dies verneint oder ausschließt. Eine Gegenüberstellung der sehr unterschiedlichen Lebenswelten sollte auch Anlass zu der Frage geben, warum die Erzählerin an keiner Stelle des Romans die bewegten politischen Verhältnisse der frühen 1970er Jahre explizit erwähnt, bzw. was uns diese Tatsache über die Wahrnehmungs- und Interpretationsfähigkeit der Erzählerin sagt.

5. The Narrator's Characterization of Olivia

In dem Moment, wo die Erzählerin ihre Schwangerschaft annimmt und erkennt bzw. beschließt, dass ihre Zeit in

Satipur abgelaufen ist, beginnt sie sich stärker von Olivia zu distanzieren. Wichtig ist es hier wiederum andere Perspektiven zu ergänzen, einander gegenüberzustellen und zu lernen, dass es kein eindeutiges Bild von Olivia gibt (Beispiele: Harry, Major Minnies, Dr Saunders, der Nawab und Marcia).

Worksheet 7.7. A Look into a Possible Future - About 35 years later

Die SuS sind hier aufgefordert, die Geschichte ,weiterzudenken' und zu überlegen, wie sich vor dem Hintergrund der (geo)politischen Entwicklungen der letzten 30 Jahre die Lebensgeschichten der einzelnen Charaktere weiterentwickelt haben könnten. Anlass zur Diskussion bietet hier sicherlich vor allem die Frage, wie die Ich-Erzählerin mit ihrem Kind und der ungeklärten Vaterschaft umgegangen sein mag. Hier sollte es nicht vordergründig darum gehen, moralisch zu (ver-)urteilen, sondern vor allem die Situation des Kindes zwischen den Welten auszuloten und zu diskutieren.
Als kontroverser Bezug zur Gegenwart könnten in einem weiteren Zusammenhang auch die ebenso spektakulären wie umstrittenen Adoptionen von *celebrities* wie Angelina Jolie oder Madonna oder das globale Problem des Sextourismus diskutiert werden. Das Datum bietet auch die Möglichkeit (vorher) herauszuarbeiten, wie sehr sich Indien zu Beginn des 21. Jahrhunderts vom Indien zu Beginn der 1970er Jahre unterscheidet.

8. Component III: The Europeans in Ruth Prawer Jhabvala's India

In den *Components I-II* haben sich die SuS mit Hilfe der *Worksheets* die historischen und geopolitischen Zusammenhänge, auf die sich der Roman bezieht, anhand des Beziehungsgefüges in beiden Geschichten erarbeitet. Die *Worksheets* der nun folgenden *Components III-V* bieten den SuS die Möglichkeit, die Handlungszusammenhänge des Romans und die in ihm behaupteten historischen und geopolitischen Wirklichkeiten (wiederum ausgehend von den individuellen Lebensgeschichten der Charaktere) in größere Zusammenhänge zu stellen. Die Aufgabenstellungen der Arbeitsblätter sind so verfasst, dass die meisten der nun folgenden *Worksheets* im Unterricht gemeinsam bzw. arbeitsteilig bearbeitet werden können, viele sind aber auch als Klausurübungen oder schriftliche Hausaufgaben einsetzbar und können von den SuS individuell schriftlich bearbeitet werden.
Leitendes Prinzip der Aufgabenstellungen ist es, die SuS immer wieder in Situationen zu setzen, die sie auffordern, Zusammenhänge zu konstruieren und diese Konstruktionen perspektivisch zu hinterfragen und ggf. zu relativieren. Sie sind dazu angehalten, Perspektiven zu differenzieren, Perspektiv(en)wechsel konsequent durchzuhalten bzw. wahrzunehmen und diese entsprechend zu koordinieren. Alle *Worksheets* sind daher als gezielte Übungen zur Erprobung ihrer interkulturellen Handlungsfähigkeit zu verstehen, gleichzeitig bieten sie eine gezielte Vorbereitung auf die grundsätzlichen Anforderungen im Zentralabitur, da sie die SuS ebenso strukturiert wie prozessorientiert dazu anleiten, sich in interkulturellen Kommunikationszusammenhängen zu bewähren und die erarbeiteten Zusammenhänge darzustellen bzw. auf neue Kontexte zu beziehen.
Die *Worksheets* zu *Component III* wollen vor allem die unterschiedlichen Haltungen der Europäer gegenüber der neuen Lebenswelt erarbeiten und herausstellen, welche Verständnisschwierigkeiten, Wahrnehmungen, Bedürfnisse und Vorurteile die Begegnungen zwischen Europäern und Indern prägen bzw. überfordern. Die *Worksheets* beziehen hierbei immer auch die Zusatztexte in der Romanausgabe mit ein, die den SuS ermöglichen, bestimmte Haltungen und Erfahrungen, die im Roman dargestellt werden, auf historische Zusammenhänge zu beziehen und entsprechend zu hinterfragen. Hierzu sollen die SuS zu vier grundsätzlichen Themenbereichen arbeiten, die das zentrale Motiv des Reisens und der Begegnung mit unterschiedlichen Bevölkerungsgruppen in den Mittelpunkt stellen:

8.1. Travel
8.2. Anglo-Indian Relations in the Colonial Age
8.3. Cross-Cultural Encounters in Post-Colonial India
8.4. Indian Traditions and Myths

Die *Worksheets* beziehen hierbei immer auch die Zusatztexte in der Romanausgabe mit ein.

8.1. Travel

Worksheet 8.1.1. What travelling is all about

Dieses Arbeitsblatt regt die SuS dazu an, ihre Textkenntnis vorzuführen und ihre Argumentation anhand prägnanter Zitate zum Thema *Travelling / Tourism* zu strukturieren. Die SuS sollten hierbei unbedingt auch dazu angehalten werden, ihre Argumentationen mit zentralen Zitaten aus dem Roman zu belegen.
Die Wahl der Charaktere aus dem Roman, die jeweils im Mittelpunkt eines Essays stehen sollen, kann nach Neigung erfolgen, die Charaktere könnten per Los verteilt, sie könnten aber auch im Sinne einer Binnendifferenzierung von der Lehrkraft zugeteilt werden. Im Rahmen der Vorbereitung auf das Zentralabitur bietet diese Aufgabe die Möglichkeit, Zusammenhänge zu bündeln und für spätere (selbstständige) Wiederholungen aufzubereiten.

Worksheet 8.1.2. Simla as a Travel Destination

Simla ist im Roman ein Fluchtpunkt für Europäer, im 19. und 20. Jahrhundert genießt es aufgrund seines Klimas eine große Attraktivität unter europäischen Missionaren, Kolonialbeamten, Bildungsreisenden und Touristen. Der Phantasie der SuS sind hier lediglich über den Kontext Grenzen gesetzt, die ihnen jedoch gleichzeitig helfen, den Realitätsgehalt ihrer Vorschläge zu sichern.

8.2. Anglo-Indian Relations in the Colonial Age

Worksheet 8.2.1. The British and the Indian Rulers

Die ausgewählten Bilder sollen die SuS dazu auffordern ihre eigenen, im Leseprozess gewonnenen Bilder zu vergleichen und ggf. zu hinterfragen, in der Regel sind die Bilder der SuS durch die Medien geprägt. Die Zitate können herausstellen, wie genau Ruth Prawer Jhabvala die Muster kolonialer Strukturen in den so harmlos wirkenden Tischgesellschaften verankert hat. Weiteres Material zu diesem Themenkomplex findet sich auch in den Studien von Jan Morris, die bis heute nichts von ihrer Aktualität eingebüßt haben, in den Werken von Marshall (1996) und Ferguson (2003) oder in den Themenheften „Indien" des Friedrichverlages (Geschichte lernen, Heft 56 + Der fremdsprachliche Unterricht Englisch, Heft 50), aber auch in den sehr beeindruckenden Bildern der Dokumentation *The British Empire in Colour* (BBC).

Worksheet 8.2.2.The British and Their Indian Servants

Der ‚sprichwörtliche' englische Butler ist deutschen SuS ein Begriff. Vielleicht weil sie in Zeiten des Zentralabiturs *The Remains of the Day* (Kazuo Ishiguro) gelesen, in einem der dritten Programme die eine oder andere Folge von John Galsworthys *The Forsyte Saga* gesehen haben oder sich ein Silvester ohne *Dinner for One* nicht vorstellen können. Hier können SuS erfahren, dass britische Kolonialbeamte versuchten, ihre indischen Angestellten zu ‚perfekten Bediensteten' zu erziehen (die sie ihren englischen Hausfrauen in England niemals hätten finanzieren können) und an diesem Vorhaben immer wieder scheiterten. Einerseits funktionieren die kulturellen Vorzeichen des (Be-)Dienens in Indien anders bzw. sind sie anders definiert. Andererseits konnten sich insbesondere die Gattinnen nicht von ihren Vorurteilen und Ängsten befreien. Auch hier zeigen die ausgesuchten Textstellen wie genau Prawer Jhabvala recherchiert hat. Ergänzend könnte auch ein Ausschnitt aus *A Passage to India* (David Lean, DVD 2003) oder *Staying On* (Silvio Narizzano, 1981, DVD 2007) gezeigt werden.

Worksheet 8.2.3.: Europeans in India in 1923

Mit Hilfe dieser vier Aufgabenstellungen können die SuS herausarbeiten, wie sehr die englischen Kolonialherren die indischen Lebenswelten und die Begegnungen mit den Indern als Projektionsraum für eigene Befindlichkeiten bzw. Dispositionen benutzen oder gar missbrauchen. Immer wieder dienen diese als Projektionsfläche:

- für missionarische, „gut gemeinte" pädagogische Ansprüche und moralische Überheblichkeit (Beth Crawford, die weit gereiste Beamtengattin, die ihre Konventionen wie ein undurchlässiges Korsett bzw. wie eine kugelsichere Weste trägt, oder Douglas, der Weltverbesserer und der gute Schuljunge, der die ganze Welt nach dem Muster bzw. Ehrenkodex seiner *adventure stories* (**37** 28) erziehen möchte),
- für unterdrückte sexuelle Bedürfnisse und unerfüllte Sehnsüchte, die durch einen ausgeprägten Machtinstinkt kompensiert werden (Minnies, der rechthaberische Machtmensch, der in sentimentalen Momenten gerne *Urdu Poetry* zitiert, emotional aber nicht aus seiner Haut kann),
- für gescheiterte, mittelständische Aufsteigermentalitäten, für unverarbeitetes Leid und unbewältigte Trauer sowie moralischen Rigorismus bzw. Chauvinismus (das Ehepaar Saunders als überforderte Aufsteiger mit ihrer kleinbürgerlichen Moral, ihren Schuldzuweisungen und ihrer Unfähigkeit zu trauern).

In sehr unterschiedlicher Weise versuchen diese *colonialists* ihre verunsicherte britische Identität neu zu definieren, indem sie sich konsequent vom Anderen (*the Other*) abgrenzen, wodurch sie sich gleichzeitig im kolonialen System in eine per se überlegene Beziehung setzen (Minnies, Crawfords, Rivers) oder sich sogar als Opfer sehen können (Saunders). Je nach Disposition und *adventure story*, in die man sich einschreiben möchte (vgl. hierzu grundsätzlich: Edward Said, Culture and Imperialism. Vintage 1994, S. 212ff.),

- werden die Inder als *noble savages* vereinnahmt (vgl. Pocahontas oder Robinson Crusoes Friday), die zu erziehen sind und ihre *master* mit der dazugehörigen *master narrative* anerkennen *("They think they're frightfully cunning but really they are like children." (**35** 30f.))*;
- oder aber sie werden als bedrohliche *fierce savages* (vgl. Shakespeares Caliban) wahrgenommen, die die kolonialen Selbstverständlichkeiten und Identitätszuschreibungen nicht anerkennen und das Eigene festhalten *("It's savagery . . . like everything else in this country, plain savagery and barbarism." (**52** 27ff.))*.

Es ist schon fast ein *comic relief*, wenn dagegen Harry, der weise Narr in dieser tragischen Geschichte, Eton, also eine Brutstätte der *proper Englishmen* mit ihrer *good education* (**40** 21) und *excellent discipline* (ebd.), als *savage* (**40** 24) bezeichnet, und dabei in diesem *colonial discourse* ganz beiläufig vorführt, wie sehr Sprache das Bewusstsein, die Wahrnehmung und die Geschichtsschreibung bestimmt. Die Aufgabenstellung zum Graveyard verknüpft die Zeitebenen des Romans und ermöglicht den SuS mit Hilfe des Zusatztextes zu erkennen, wie sehr diese Friedhöfe dazu angelegt sind, dem (europäischen? westlichen? chauvinistischen?) Bedürfnis nachzukommen, ein (nahezu zeitloses) Erbe zu hinterlassen und den eigenen Namen und die eigenen Werke in ewigen Stein gemeißelt zu sehen, um dem eigenen Leben bzw. dem Tod einen Sinn zu geben. Saids Satz kann auch dazu auffordern, kulturvergleichend Rituale der unterschiedlichen Religionen zu recherchieren (vgl. hierzu beispielsweise auch das Portrait eines Hospiz in *Ganges – River to Heaven* (Gayle Ferraro, 2006), den Selbstmord einer Sikh in *Silent Waters* (Sabiha Sumar, 2003) oder das Leben der Witwen in *Water* (Deepa Mehta, 2005, DVD 2007)).

Die vier Aufgabenstellungen bieten den SuS viel *food for thought*, je nach Leistungsstärke der Lerngruppe und Zeit können die einzelnen Aufgaben gemeinsam bearbeitet werden, die Aufgabenstellungen können aber auch an vier Gruppen verteilt werden, die ihre Ergebnisse einander präsentieren, wodurch die unterschiedlichen Haltungen einander gegenübergestellt werden.
Die anspruchsvollste Aufgabenstellung ist Nr. 2 zu Major Minnies. Das Zitat aus dem Roman und das Bild können zunächst auch auf Folie gezogen werden und als Einstieg in die Erarbeitung dieses Themenbereiches dienen, bevor dann die *Worksheets* verteilt werden.

8.3. Cross-cultural encounters in Post-Colonial India

Worksheet 8.3.1: Europeans in India in the 1970s

Die jungen, namenlosen Touristen im Roman sind durchgängig negativ gezeichnet, sie benutzen die fremde Lebenswelt als „Spielwiese" der eigenen Selbstverwirklichung, als „Traumlandschaft" ihrer Sehnsucht nach Sinn. Sie scheitern jedoch einerseits an der Vielseitigkeit und der Andersartigkeit des Kontinents, den sie bereisen, andererseits aber auch an ihren eigenen Grenzen, die ihnen z.B. ihr Körper aufzeigt. Sie können weder ihre Mentalität noch ihre Sozialisation im westlichen, ‚zivilisierten' bzw. ‚sauberen' Europa mit seinem keimfreien, gechlorten Wasser ablegen. Stattdessen lernen sie, dass das Überleben auf diesem Kontinent für sie wesentlich von einem gefüllten Geldbeutel abhängt. Im Gegensatz zu namhaften Popikonen (vgl. Zusatztext, **148**) werden sie sich selbst auf ihrer Suche nach Sinn und Spiritualität immer fremder (vgl. z.B. auch Julia Kristeva: *Fremde sind wir uns selbst*. Suhrkamp 1990, oder auch die Dokumentation *Hippie Masala. Für immer in Indien* (Ulrich Grossenbacher, 2006)).

Worksheets 8.3.2. bis 8.3.4.

Das Bild des *broken angel* und die beiden Textstellen hinterfragen wiederum die Negativität der Touristen, durch den innigen Blick der Erzählerin. Wie das Echo eines Mythos, der im Alltag zu überleben versucht (Roland Barthes), wie die Erinnerung an eine Allegorie (Walter Benjamin) steht er im Zentrum dieses Bildes und inmitten der Wahrnehmung der Erzählerin, die sich von den jungen Touristen abgrenzen möchte und sich auf eine grundsätzlichere Reise begibt (vgl. hierzu auch die Zeilen aus dem Rilke Gedicht).
Die SuS sind aufgefordert die Ambivalenz dieses Bildes zu erarbeiten, das Ewigkeit und Vergänglichkeit zugleich repräsentieren kann. Den Assoziationen der SuS sind hier keine Grenzen gesetzt.
Der Artikel *Cemetery Tourism* stellt sehr konkrete Beispiele neben das fiktive Geschehen im Roman und verdeutlicht wiederum, wie genau Ruth Prawer Jhabvala Mentalitäten und Örtlichkeiten beschreibt und zueinander in Beziehung setzt.
Mit besonders leistungsstarken Kursen könnte auch das ganze Gedicht von Rilke gelesen werden.

Archaic Torso of Apollo

We did not know his unheard of head,
in which the seeing of his eyes ripened. But
his torso still glows like a candelabrum,
in which his eyes, only turned down slightly,

continue to shine. Otherwise the bow of his
breast wouldn't blind you, and a smile wouldn't
flow from the silent twist of his loins into
that centre which carried the power to beget.

Otherwise this stone would stand contorted and shortened
under the transparent fall of his shoulders,
and wouldn't flicker like the skin of a wild beast;

it wouldn't be breaking out on all its sides
like an imprisoned star: for there is no place on this stone
that does not see you. You must change your life.
Rainer Maria Rilke (1875-1927)

Adapted from: Rainer Maria Rilke, Werke in drei Bänden. Bd. 1 Gedicht-Zyklen. Insel Verlag : Frankfurt /M. 1991, S. 313.

Worksheet 8.3.4: The Stories Behind Gravestones

Hier können die SuS die Ergebnisse ihrer Text- und Bildanalyse durch eine Internetrecherche erweitern (z.B. Grabsteine in der *Westminster Abbey* in London, aber auch im Londoner Stadtteil Highgate). Sie begeben sich dadurch auf eine ähnliche Spurensuche wie die Erzählerin, erfinden koloniale Familiengeschichten wie die Autorin und konstruieren die Bedeutung dieser Kolonialgeschichten bzw. dieses Erbes für das Selbstverständnis von Familien (vgl. z.B. die Familiengeschichte in Ian McEwans Roman *The Child in Time*, hier ermöglicht ein mehrjähriger Aufenthalt in Nordafrika den sozialen Aufstieg der Familie).
Sie können sich mit den Lebensgeschichten von Menschen beschäftigen, die geblieben sind (vgl. Paul Scott *Staying On*, Salman Rushdie *Midnight's Children*). Sie können die Biographien von Menschen erforschen oder erfinden, die weder bleiben noch wirklich gehen können, oder Weltenbummler kennen lernen, die immer wieder kommen (Forster *A Passage to India*, Sutcliff *Are You Experienced?*) oder auch die Reiseberichte bzw. biographischen Essays von Weltbürgern wie Mark Tully, William Dalrymple oder Ilija Trojanow.

8.4. Indian Traditions and Myths

Worksheet 8.4.1.: Sati – Faithful Wives

Sati or Suttee

During the times of the Raj British missionaries and civil servants alike tried to fight against three Indian customs:

1. Female infanticide, which was most common in north-western India. Most of the time it occurred in high-caste families to avoid the increasing cost of dowries.
2. *Thagi* or *Thuggee* which was a name for a cult centred around assassin-priests who would attack or even strangle unwary travellers on Indian roads (there are, however, scholars who are convinced that this 'cult' was just an imaginative story around highway robbery).
3. *Sati* or *Suttee* which means the self-immolation of a Hindu widow who is burned alive with her dead husband on his funeral pyre. The word *sati* refers to the woman who incinerates herself and can be translated as 'saint'. The origins of this custom are not clear. Many Indians regarded a widow's (self-imposed) self-immolation as a devoted act of marital fidelity and of female piety. Originally this custom was associated with the widows of warriors who wanted to avoid being imprisoned. Other scholars associate it with the practises of higher caste Hindus. However, it also became increasingly popular within lower castes to avoid the burden of having to care for an impecunious widow (cf. the films *Silent Waters* (Sabiha Sumar, 2003) and *Water* (Deepa Mehta (2005), DVD 2007) which portray the lives of widows in the 1970s in Pakistan and in colonial times in India). Between 1813 and 1825 about 7,941 women were burnt this way in Bengal. Job Charnock, the founder of Calcutta and a strong opponent of this custom, married a woman he rescued from a funeral pyre. For years the British in general remained strictly *laissez faire* towards this practice because they did not want to interfere with Indian religious customs. In 1829 *Sati* was banned under Governor-General William Bentinck who ignored the following warning of his secretary, Colonel William Playfaire from Sitapur (!), because of the support of many Indian reformers: "Any order of government prohibiting the practise would create a most alarming sensation throughout the native army." (cf. Niall Ferguson (2003), p. 145). In 1987 some conservative / fundamentalist groups, who did not support the changes taking place in modern India, supported this custom.
(cf. John Stratton Hawley (Ed.): Sati, the blessing and the curse. The Burning of wives in India. New York 1994.)

Die unterschiedlichen Haltungen der Briten, insbesondere Olivias sentimentale Vorstellung, können anhand der Aufgaben kontrovers diskutiert werden. Der Vergleich zu *Romeo and Juliet* kann verdeutlichen, dass es bei der Tradition des *Sati* nicht um den Ausdruck der Unbedingtheit einer individuellen Liebe geht, sondern um die Schutzlosigkeit und das Ausgeliefertsein der Witwen, um die Rolle der Frauen als Statussymbol ihrer Männer bei kriegerischen Auseinandersetzungen und um (häufig ungeklärte) Fragen der Versorgung der Witwen.
Stocks eindringliche Schilderung einer Verbrennung in den späten 1980er Jahren verdeutlicht, dass diese Tradition in ländlichen Gegenden noch immer nicht ausgestorben ist, auch wenn sie heute kaum noch vorkommt, da sie nicht nur außerhalb, sondern auch innerhalb des Landes stark verurteilt wird. Der Text verdünnt die Grausamkeit dieses Rituals nicht im Tischgespräch, sondern geht mit dem genauen Auge einer Kamera an das Geschehen heran. Die Hintergründe zu dem Vorfall in Rajasthan, auf den sich Stock hier bezieht, sind genau recherchiert von Jörg Fisch in:„ .... *und ihr Körper von allein Feuer fängt. Witwenverbrennung in Indien," in: Themenheft Indien. Geschichte lernen. Heft 56* (1997), S. 38f..
Nach der Analyse des Textes haben die SuS Gelegenheit die kritische Haltung des Beobachters in einem Kommentar zu verdeutlichen und auszuformulieren. Es sollte hierbei auch deutlich werden, dass diese grausame Tradition heute von Menschenrechtsorganisationen in Indien ebenso lautstark geächtet wird wie die Beschneidung von Frauen in anderen Teilen der Welt nicht nur von westlichen Organisationen bekämpft wird.

Worksheet 8.4.2.: The Squirrel that Runs for its Life – The Dead Squirrel

Die Tatsache, dass sowohl Olivia als auch die Erzählerin ein Eichhörnchen beobachten, ist in der konstruierten Parallelität der Geschichten sicherlich kein Zufall. Das kleine Eichhörnchen steht in der *Ramayana* dafür, dass die Schwachen zu schützen und in ihrer Kraft zu überleben und zum Gemeinwohl beizutragen zu unterstützen sind. Es ist tief in das kulturelle Gedächtnis der indischen Bevölkerung eingegraben.
Auch Gandhi versprach *the rule of Rama* oder *the Ramraj, the golden days of Rama* zurückzubringen. Nehru war über diese Versprechungen nicht glücklich, aber auch er zitiert in seiner Studie *The Discovery of India* (1956) aufgeklärte Vorbilder wie Akbar als Beispiel, da dieser für die Vision eines pluralistischen, friedlichen und aufgeklärten Indiens gekämpft hatte.
Der Nawab dagegen scheint das Eichhörnchen zu verschrecken, es wirkt wie eine Warnung für Olivia, die diese jedoch nicht versteht. Im Kontext des Romans wird Olivia später als eine der *weak ones* bezeichnet, die an Indien zerbrechen. Eine These von Major Minnies, die diskutiert werden müsste, denn der Roman beantwortet uns die Frage nicht, ob sich Olivia gestärkt oder geschwächt in die Berge zurückzieht.
Die Erzählerin findet ein totes Eichhörnchen, ausgerechnet in einer Unterkunft für Touristen, in dem Haus, in dem

vorher die Saunders mit all ihren bigotten Vorurteilen (*"there was something rotten about Olivia"* (**137** 34)) gelebt haben, in dem sie auch ihr Kind (ihre Unschuld?) verloren haben.
Für die Saunders und ihr Kind gab es keine Zukunft in British India. Ist auch die Hoffnung auf ein aufgeklärtes und friedliches Indien, das sich um seine Schwachen kümmern kann und will, im unabhängigen Indien Indira Gandhis gestorben? Diese Frage könnten die SuS diskutieren, um sich dabei mit der politischen Situation im Indien der frühen 70er Jahre auseinanderzusetzen.

Worksheet 8.4.3. The Solitude of Emperors

Auch Davidar verarbeitet das Motiv des *squirrels* in seinem Roman, der eindringlich die Gefahren des Fundamentalismus beleuchtet und sich mit dem fiktiven Manuskript eines Bewunderers der drei größten Inder aller Zeiten an die indische Jugend bzw. zukünftige ‚Elite' wendet, um ein beeindruckendes Plädoyer für Toleranz und Standhaftigkeit zu formulieren. Die SuS sollten auch diskutieren, ob sich das Bild der jungen Touristen, das an das tote Eichhörnchen gebunden ist, verändert, wenn sie den Auszug dieser Rede hören.

9. Component IV: Britain as a Colonial Force: Talking about Power

Die Arbeitsblätter in diesem *Component* wollen das Selbstverständnis der Kolonialherren und den faktischen Untergang der Muslim *Royalty* näher untersuchen. Die SuS erhalten die Möglichkeit sich ein Verständnis dafür zu erarbeiten, in welchem historischen Kontext traditionelle Vorstellungen von *Englishness* entstanden sind und können diese entsprechend aus unterschiedlichen Perspektiven kritisch reflektieren.

Worksheet 9.1.: Official and Unofficial National Anthems

Aus den bekannten Hymnen lassen sich ein sehr selbstbewusstes und in Teilen auch überhebliches nationales Selbstbewusstsein, aber auch Visionen von einer besseren Welt herausarbeiten. Ein alljährliches Ritual, das diese Hymnen in eine ebenso wehmütige wie humoristische Vergangenheitsbewältigung kleidet, ist die *Last Night of the Proms* in London, die an jedem zweiten Samstag im September stattfindet und im Deutschen Fernsehen seit vielen Jahren immer von NDR 3 live übertragen wird.

Worksheet 9.2.: Defining Englishness

Die Gedichte von Lawrence und Begbie lassen sich gut vergleichend analysieren, da die Haltung des jeweiligen lyrischen Ichs so eindeutig ist, beide vergleichend jedoch sehr widersprüchlich sind. Auch werden die SuS schnell Beispiele im Roman finden, von Engländern, die sich im fernen Indien stereotyp britisch aufführen.
Die SuS sollen hier ihre Textkenntnis prüfen und passende Textstellen, in denen Harry, der Nawab und Olivia über *Englishmen* reden bzw. nachdenken, selbst finden (vgl. **40**, **96**, **118**, **125**, **130**). Major Minnies und Dr Saunders erniedrigen und demütigen den Nawab mit ihrem herrischen und herablassenden Gebaren, der Nawab kann sich jedoch nicht wirklich wehren. Ein sehr guter und hilfreicher Zeitungsartikel, der den Untergang der *Muslim Royalty* vorstellt und dessen Auswirkungen bis ins heutige Indien verfolgt, findet sich in Time August 13, 2007: *Beyond Faith: On the subcontinent, Islam is more than a creed. It possesses the power to unite a nation – yet divide a people* by Aryn Baker.

Worksheet 9.3.: The "Indianisation of India"

Die Bilder bieten einen Einstieg, der mit dem Zitat von Beth Crawford auch als stummer Impuls genutzt werden kann, um das Unausgesprochene, bzw. „das Un-erhörte" an ihrer Auffassung, aber auch die implizite ironische Kommentierung der Ich-Erzählerin herauszuarbeiten. Die ergänzenden Materialien zum Zitat können erklären, wie wenig heimisch die Briten in Indien werden konnten und wie sehr sie gegen Ende überfordert waren, die Entwicklung zur Unabhängigkeit zu begleiten (vgl. u.a. Wolpert (2006) und Khan (2007)) und die katastrophalen Folgen der Teilung zu verhindern.

Worksheet 9.4.: The Prince

Der Auszug aus Naipauls berühmten Reiseberichten ermöglicht im Vergleich die Erarbeitung der kritisch dargestellten, weiteren Entwicklung des Nawab, der in den Armen seiner emigrierten Mutter in New York stirbt. Auch bietet es sich an, einen ebenso verständnisvollen wie kritischen Blick auf Karim und Kitty, aber auch einen grundsätzlicheren Blick auf die Weltläufigkeit der muslimischen Royals zu werfen, die ihrem Heimatland viele Resourcen entziehen, weil sie für sich keine Chance einer Existenzsicherung sehen.
Eine ganz andere Gestalt bzw. Begegnung, die die Entwicklung Indiens im 20. Jahrhundert repräsentiert und vor allem auch die 1960-70er in den Blick nimmt, könnte dem Prinzen gegenübergestellt werden: *„The Secretary's Tale: Glimpses of the Indian Century"* in: V.S. Naipaul: *India – A Million Mutinies Now*. Vintage 1991, S. 140ff..

Worksheet 9.5.: When the Sun Began to Set

Im Gegensatz zu den Hymnen ist Churchills Text ein Abgesang auf die Zeit des Empire und die Beschwörung einer unwiederbringlich verloren gegangenen Zeit.
Anhand der Gestalt Mutter Theresas kann der ganz andere Lebensweg einer Europäerin in Indien aufgezeigt werden, im Internet gibt es eine Fülle von Materialien, die ihren Lebensweg darstellen und ihre Haltung gegenüber dem Westen und der Armutsbekämpfung in Indien verdeutlichen (vgl. z.B. Time, 23 August 2007, *Mother Theresa's Crisis of Faith*). Eine wiederum ganz andere, interessante Perspektive einer berühmten Europäerin in Indien wäre Sonia Gandhi).
Die Auflösung des British Empire, der Prozess der Dekolonialisierung und die Gründung des Commonwealth lassen sich ganz einfach z.B. bei wikipedia.org nachlesen,

gute Zusammenfassungen bieten auch Marshall, Ferguson und die sehr beeindruckende Dokumentation *The British Empire in Colour* (BBC, DVD 2002). Die SuS könnten anhand dieser Materialien auf einem Poster eine Zeitleiste erstellen oder anhand einer historischen Weltkarte die Befreiungsbewegungen aufzeigen bzw. kennzeichnen.

Worksheet 9.6.: Orientalism

Die Zitate von Said und Sen sollen den SuS helfen die Handlungsweisen der Europäer in *Heat und Dust* noch einmal in einem größeren Kontext zu sehen und zu bewerten. Außerdem bieten die Biographien der beiden Wissenschaftler spannende Einblicke in das Leben zweier *global players*, die in bewundernswerter Weise Welten und Kulturen miteinander verbinden können, in ihrem Leben und in ihren Schriften.

Component V: Post-colonial Times: Talking about Change

Die im *Component V* zusammengestellten *Worksheets* verlassen jetzt den engeren und weiteren Handlungs- und Bezugsrahmen des 1975 erschienenen Romans. Vielmehr erhalten die SuS nun die Möglichkeit, sich mit ausgewählten provokanten, verstörenden und überraschenden postkolonialen Weltbildern auseinanderzusetzen. Zum einen ermöglichen die ausgewählten Texte den SuS die Lücke zwischen 1975 und der Gegenwart anhand einiger ausgewählter Themen zu schließen, zum anderen führen sie die SuS zumindest ansatzweise in einen neuen Diskurs ein, der in sehr grundsätzlicher Weise auch auf die Lebenswelt bezogen ist, in der sie erwachsen werden.
In der „Unübersichtlichkeit“ (Habermas) und Uneindeutigkeit unserer ausdifferenzierten und multikulturellen Wissensgesellschaft, in der unsere heutige Schülergeneration sozialisiert und mit immer komplexeren Anforderungen konfrontiert und verunsichert wird, haben sich individualisierte Lebensformen herausgebildet, in denen wir voneinander immer unabhängiger, vom großen „Ganzen“ aber immer abhängiger werden (vgl. Arundhati Roy). Vertraute Lebensformen, in denen Menschen Unsicherheit gemeinsam zu bewältigen versuchen, verlieren an Bedeutung oder erweisen sich als instabil – in Ehe, Familie, Parteien und Kirchen (vgl. unter anderen Vorzeichen Tully, Angelou, Bhatt). Während sich – so könnte man zugespitzt sagen - eine bürokratisch verwaltete, individualisierte und geschichtslose Freizeitgesellschaft zunehmend von der Frage zurückzieht, worin der Begriff der Zukunft aufgehen könnte (vgl. Kincaid, Okri), erhalten Wissenschaft und Bildung in diesem verunsicherten System einerseits die Funktion Sicherheit zu bieten. Andererseits sollen sich „die Kinder der Freiheit“ (Beck) für den sog. Modernisierungsschub gebrauchen lassen und eine möglichst konfliktlose Integration des einzelnen so effizient und standardisiert wie möglich gewährleisten. Es besteht jedoch die Gefahr, dass wir ‚Kinder des Westens' mit diesen Entwicklungen eine Form der Vergesellschaftung verlieren oder aufgeben, die sich von normativen Orientierungen wie Emanzipation, Mündigkeit, intersubjektiver Verständigung und Selbstreflexion her begreift und im Rahmen einer politischen Öffentlichkeit stattfindet (vgl. Roy, Coggins, Bhatt, Okri). Ein ebenso kritisches wie konstruktives Überprüfen ihrer Gestaltungsfähigkeit für das System Schule ist jedoch dann um so notwendiger, wenn man davon ausgeht, dass eine Gesellschaft sie braucht, um konstruktiv und zukunftsorientiert mit der globalen Unübersichtlichkeit und mit widersprüchlichen Lösungswegen umgehen zu können. Eine pädagogische Betrachtung der Dinge müsste dann vor allem davon ausgehen, dass das gesellschaftliche Problem der Unübersichtlichkeit und Uneindeutigkeit nicht darin besteht, dass die Welt oder die Wirklichkeit immer unübersichtlicher werden, sondern darin, dass wir immer weniger (sprach-)handelnd mit der selbst produzierten Unübersichtlichkeit vieler Welten und Wirklichkeiten umgehen können.
Das System Schule wäre sicherlich überfordert, würde man von ihm verlangen, Modelle dafür zu entwickeln, wie die Gesellschaft von morgen aussehen soll oder kann. Interkulturelles Lernen kann junge Menschen jedoch (probehandelnd) dazu anleiten, mit den Instrumenten der Kommunikation und des Wissens möglichst souverän umzugehen und in sozial heterogenen Gruppen selbstständig, verantwortungsbewusst und möglichst erfolgreich zu handeln und auch Frustrationstoleranz zu entwickeln. Interkulturelles Lernen hält somit an der sozialethischen und politischen Verantwortung für die Gestaltung unserer Lebensverhältnisse fest und ist davon überzeugt, dass die Gestaltung sozialer Lebenswelten konstitutiv von der Entwicklung einer Ethik der Interpersonalität und Interkulturalität abhängt, die moderne Kontingenzerfahrungen (Luhmann) immer wieder neu berücksichtigen und einbeziehen kann. Interkulturelles Lernen setzt damit auch voraus bzw. setzt es sich als Ziel, dass „Patchwork-Identitäten“ und Differenzen zwischen dem Fremden und dem Eigenen, zwischen Tradition und Moderne zunächst als Bereicherung und nicht in erster Linie als Problem oder Bedrohung wahrgenommen werden.
Ein solches interkulturelles Lernen ist der Tradition der Moderne <u>und</u> den Anforderungen der Globalisierung insoweit verpflichtet, als dass es in diesen Zusammenhängen nicht darum geht, Bildungs- und Kulturgüter museal zu verwalten oder philologisch auseinander zu pflücken und zu bestimmen. Es geht ihm in Schule vielmehr darum, die Traditionen fremder und eigener Erwachsenenwelten zu rekonstruieren und ihre Wirklichkeitsbehauptungen kritisch zu hinterfragen. Interkulturelles Lernen möchte SuS durch Angebote sprachlicher Wirklichkeitsverarbeitung in die Lage versetzen, Bedeutungen und Zusammenhänge zu konstruieren (Wolff/Wendt) und sich fremden/anderen Perspektiven anzunähern, sie anzunehmen, zu prüfen, mit ihnen zu spielen, sie zu verwerfen, sie zu hinterfragen, sie loszulassen oder festzuhalten, um vor allem die eigene(n) Perspektive(n) ggf. wechseln zu können und als potentiell veränderbare bzw. sich ändernde zu begreifen. Es möchte Neugierde wecken, ihre Fähigkeit zur Empathie fördern und SuS

an einen für komplexe, multikulturelle Gesellschaften notwendigen Diskurs der konflikt- und demokratiefähigen Normaushandlung heranführen und damit eine gesellschaftliche Handlungsbereitschaft und die Fähigkeit zur produktiven kulturellen Teilnahme oder zumindest Teilhabe ausbilden.

Ein Englischunterricht, der entsprechend langfristig die Ausbildung der sprachlichen und interkulturellen Handlungsfähigkeit der SuS fördert, unterstützt sie bei der Ausbildung ihrer personalen und sozialen Identität, um ihnen so zu helfen, ebenso verantwortungs- wie selbstbewusst ihren Weg in eine (globale) Gesellschaft zu finden, die sich schneller wandeln wird als je zuvor in unserer Geschichte. Die angeführten Prämissen „laufen insgesamt auf einen Paradigmenwechsel von instruktivistischem Unterricht zu konstruktivistischem Lernen hinaus - ein Vorgang, der mit wesentlichen Entwicklungslinien des postkolonialen Diskurses korreliert“ (Raddatz, S. 480), denn in diesem Diskurs wird der eurozentristische bzw. US-amerikanische „Monopolanspruch politischer, sozialer, ökonomischer und ethischer Rollenverteilung“ sowie der „Monopolanspruch moderner Geschichtsschreibung“ (ebd.) in Frage gestellt.

Seit Anfang der 1980er Jahre haben postkoloniale Theorien und Strömungen altehrwürdige kulturwissenschaftliche Selbstverständlichkeiten dekonstruiert. Zwei wichtige Traditionen des 20. Jahrhunderts haben hierbei die Entwicklung von ganz unterschiedlichen Theorien gefördert und geprägt:

1. Marxistische Kulturtheorien, die im 20. Jahrhundert in vielen nationalistischen Befreiungsbewegungen der ehemaligen Kolonien rezipiert wurden, und mit Kategorien wie *resistance* und *decolonization* arbeiten (vgl. auch die Redensart bzw. den Buchtitel *The Empire Writes Back*).
2. Der französische Dekonstuktivismus (Foucault, Derrida, Lacan, Barthes oder auch Kristeva) in all seinen unterschiedlichen Ausprägungen, der wiederum die Traditionen des Strukturalismus und der Psychoanalyse aufgreift. Das Gemeinsame dieser vielfältigen Strömungen ist die grundsätzliche Frage nach dem Zusammenhang von Sprache, Macht und Identität, oder anders ausgedrückt, nach der Ambivalenz von Objektivität, Differenz und Wahrheit.

Eines der frühen großen Beispiele postkolonialer Theorie im Sinne der ersten Schule ist Edward Saids *Orientalism (1978)*. Mit Foucault und immer sowohl soziologisch als auch (kultur-)historisch argumentierend verdeutlicht Said, dass die westliche (Re-)Präsentation des irrationalen, unaufgeklärten, rückständigen Orients als das ganz Andere (seiner selbst) von dem Bedürfnis geprägt ist, *the European Self* als das rationale, aufgeklärte, zivilisierte und entwickelte Eigene darzustellen. Er kann in diesem Zusammenhang nachweisen, dass diese Konstruktionen des Orients immer wieder auch dazu dienten, koloniale Strukturen zu implementieren bzw. zu verfestigen (vgl. auch Said: *Culture and Imperialism(1993)*).

Der vielleicht einflussreichste postkoloniale Theoretiker der 1980er / 90er Jahre ist Homi Bhabha, der eher der zweiten Schule zugeordnet werden kann. Bhabha interessiert sich vor allem für die psychologischen Auswirkungen des Kolonialismus auf den einzelnen. In seiner vielzitierten Sammlung *The Location of Culture* (1994) arbeitet er (im Gegensatz zu Said) nicht mehr mit der klassischen Gegenüberstellung von ‚das Eigene vs. das Andere', sondern arbeitet heraus, dass die kolonialen Beziehungsstrukturen zwischen *colonizer and colonized* immer von (sprachlicher) Ambivalenz, von Mimikry und Hybridität geprägt waren, mit anderen Worten von Vieldeutigkeit, Nachahmung und Uneindeutigkeit, was zu Ängsten und Projektionen auf beiden Seiten führte. Wichtig für die hier formulierten Zusammenhänge des interkulturellen Lernens ist es, dass dieser postkoloniale Diskurs althergebrachte (eurozentristische) Identitätskonzepte dekonstruiert und sich somit von traditionellen Konzepten des ‚Fremdverstehens' (und entsprechenden ‚Über-Identifikationen') verabschiedet. Was Said und Bhabha vereint, ist die Ansicht, dass Sprache (also in diesem Falle die englische Sprache) ein, vielleicht sogar das Instrument der Konstruktion von Identität ist, und dies im doppelten Sinne von *colonial* und *post-colonial identity* sowie auch im Sinne von *migrant* oder *hybrid identity*. Marxisten wie Arif Dirlik kritisieren an beiden Theorien, dass sie immer wieder auch dazu neigen, sich in philosophischen Diskursen zu verlieren, und dabei die akuten geopolitischen und ökonomischen Probleme in Zeiten neokolonialer bzw. globaler Dominanzverhältnisse aus den Augen verlieren.

Die Texte und Aufgabenstellungen der Arbeitsblätter sind so ausgewählt und verfasst, dass die SuS mit Perspektiven konfrontiert werden, die sie erst einmal kontextualisieren bzw. verorten müssen, um dann in angemessener Weise mit bestimmten situativen Arrangements und fiktiven Adressaten arbeiten bzw. kommunizieren zu können. In allen Texten geht es um „un-erhörte“ Begebenheiten, die die SuS zunächst provozieren werden und durchaus auch verunsichern sollen, damit sie anschließend im Sinne einer weitsichtigen und differenzierten Normenaushandlung erkennen können, dass es in der Reaktion auf diese Begebenheiten keine eindeutigen Antworten bzw. einfachen Lösungen geben kann.

Insgesamt können die SuS zu vier grundsätzlichen Themenbereichen arbeiten, die zentrale Themen eines postkolonialen Diskurses und die Begegnung mit unterschiedlichen Bevölkerungsgruppen in den Mittelpunkt stellen:

10.1. Looking back at Colonial Times
10.2. Talking about Poverty
10.3. Talking about Visitors
10.4. Let's do something else

Die ersten drei Themenschwerpunkte enthalten immer wieder auch Aufgaben, die die neu gewonnenen Erkenntnisse auf Zusammenhänge des Romans übertragen.

10.1. Looking back at colonial times

Worksheet 10.1.1. My Father's Raj

Wie für William Dalrymple oder Ilija Trojanow so ist der indische Subkontinent auch für den Weltbürger Mark Tully eine sein Leben prägende Konstante. Immer wieder hat er sich (z.B. in den 80er Jahren) in der britischen (BBC-) Öffentlichkeit in viele „Nesseln" gesetzt, um indische Interessen und Perspektiven zu vertreten und für Verständnis und Weitsicht zu werben. Er ist seit 1985 Träger des OBE (vgl. auch *Worksheet* 10.4.1) und seit 1992 Träger des *Padma Shree*, einer Auszeichung der indischen Regierung, die nur sehr selten an Europäer vergeben worden ist.

Der vorliegende autobiographische Text erschien 1997 bei *Granta* in einem Sonderband zum 50jährigen Jubiläum der indischen Unabhängigkeit. In beeindruckender Weise schildert Tully hier, wie koloniale Strukturen Familienmitglieder voneinander entfremden und nicht nur öffentliche, sondern auch private Lebensformen prägen und Lebenswege entscheidend beeinflussen. Sei es, indem sie vom Vater fraglos bzw. rigoros unterstützt werden oder indem der Sohn dagegen rebelliert. Die erstarrte Beziehung zwischen Vater und Sohn könnte nach dem ersten Lesen und vor dem Bearbeiten der Aufgaben auch erst einmal in einem Standbild dargestellt werden, auch könnten die SuS, wenn sie den Text als vorbereitende Hausaufgabe lesen, dazu aufgefordert werden, jeweils ein Bild mitzubringen, das Mark Tullys *childhood memories* (metaphorisch oder realistisch) illustrieren könnte, so dass im Klassenraum ein Familienalbum seiner Kindheit zusammengestellt werden würde. Ein interessanter ergänzender Text könnte sein: *East of Eton* in: William Dalrymple *The Age of Kali* (1998), S. 82ff..

Ein wichtiger und grundsätzlicher Diskussionspunkt ist Tullys Vergleich zwischen der geschlossenen britischen Kolonialgesellschaft und dem indischen Kastensystem.

The caste system or *caturvarna* (lit. *four colours*)

The caste system divides Hindu society into four parts, forming a socio-cosmic order that supposedly is as old as Creation.

The *Rig Veda* is a hymn which was composed between 1200 and 1000 BC. It is one of the earliest texts in the Vedic religion and regarded as a basis of modern Hinduism. In this hymn, caste is associated with the Purusa creation story. Purusa is believed to be the primeval, cosmic man, out of whom the universe was formed. As a kind of sacrifice, the gods dismembered him, so creating humankind. He was divided into four different parts, his mouth becoming the class of the priests (*brahmins*), his arms became noble people (*ksatriyas*), his two thighs formed the populace *(vaisyas*), and his feet gave birth to the servants *(sudras)*. The sun was born from his eye, the moon from his mind.

The *Rig Veda* tells us that this division (*varna*) entails different duties and obligations for each of the four groups. Unskilled work was linked to the *sudra* caste. Trade and business was for the *vaisyas*. The *ksatriya* group dedicated their lives to warfare and military service, whereas the *brahmins* led all the religious ceremonies.

These groupings are too simplified to represent the whole of Hindu society. However, it is important to realize that the untouchables (most commonly referred to today as *dalits*) exist at the bottom of the caste system. They have to do the dirty, spiritually polluting activities such as sweeping the streets, collecting rubbish and disposing of the dead (cf. Inder Lal's fear of pollution and disease when discovering Chid and Leelavati).

There is no historical proof that there were outcast groups in the early Vedic period. Some scholars believe that the social stigmatization of the *dalit* caste took place between 1000 and 1300. Others are convinced that although caste has existed within Hinduism since ancient times, the brutal hierarchical divisions are a result of brahminical power in central India in the 18th century. During the struggle for independence, Gandhi called the untouchables *harijans* ('children of god').

Even today people equate caste with eligibility for professions. There are more than 3,000 occupational sub-castes *(jati*), and mobility is still almost impossible in rural India. And although discrimination by caste is illegal, caste-consciousness is still an important factor in social and professional life. And when it comes to marriage, caste remains a dominant social factor.

The caste system is closely linked to the Hindu cycle of reincarnation and the concept of *karma*. Whilst the three highest castes are allowed to take part in religious rites, the *sudras* are destined to serve these others and atone for sins committed in past lives. The gradual progress towards escaping the cycle of reincarnation is a constant process of spiritual purification, and is only possible for the three higher castes. Higher castes can clean the pollution of bodily products like blood, sweat and urine with baths and purifying rituals. "Untouchables", however, are born polluted and can only purify themselves through death and rebirth.

Today, organized *dalits* do not consider their lowly status to be inevitable, but rather as something instigated by (high caste) people, the awareness of which can lead to groups organizing themselves politically, cf. Velutha in Arundhati Roy's novel *The God of Small Things* (1997).

cf. *Karma, Kastenaufstieg, Kampf um Quoten. Entstehung und Wandel des Kastenwesens in Indien.* In: *Geschichte lernen* Heft 57 1997. // Klaus Klostermaier. *A Survey of Hinduism.* State University of New York Press 1994. // Ram Adhar Mall: *Der Hinduismus. Seine Stellung in der Vielfalt der Religionen. Wissenschaftliche Buchgesellschaft* : Darmstadt 1997 // Mulk Raj Anand: *Untouchable.* (1935). // Vasant Moon: *Growing up untouchable in India. A Dalit Autobiography.* (2001)

Worksheet 10.1.2.: Things can change in a day

Roys Roman stellt mit großer Eindringlichkeit und gleichzeitiger Vorsicht dar, dass ein Leben mit all seinen „kleinen Dingen" glücken könnte, wenn die Gesellschaft, in der die geschiedene Ammu und ihre Kinder scheitern, weniger repressiv gestaltet und nicht immer wieder von ungreifbaren ‚großen Dingen' wie Politik und Macht, Religion und Konvention, Tradition und Konvention, Korruption und Gewalt bestimmt wäre. Es ist vielleicht Roys größtes Verdienst, dass sie hierbei einseitige Schuldzuweisungen ebenso vermeidet wie einfache Lösungen, sondern „lediglich" koloniale Strukturen ebenso kritisch beleuchtet wie ureigene indische Traditionen. Immer wieder sind es im Roman die Perspektiven der beiden Kinder, Rahel und Estha, die mit ihrem naiven, unschuldigen, aufmerksamen oder „allwissenden" Blick, mit ebenso lapidaren wie entlarvenden Kommentaren oder mit ihrer schützenswerten Hilflosigkeit die Erwachsenenwelt aufrütteln und deren Verantwortungsbewusstsein sowie ihr Recht auf eine Zukunft einfordern.

Der folgende Zusammenhang des Romans sollte mit den SuS möglichst erst nach der Bearbeitung der gegebenen Textstelle aus dem ersten Kapitel von *The God of Small Things* erörtert werden. Denn nach der Lektüre von *Heat and Dust* sollten die SuS in der Lage sein, Vorausdeutungen zu erkennen und die Begriffe *classification* bzw. *transgression* als Interpretationshilfe zu nutzen sowie begründete Hypothesen zum Handlungsgeschehen zu entwickeln.

Arundhati Roy: The God of Small Things (1997)

In Roy's novel the roles of tradition and history are expressed by the power of the so called *Love Laws* that have shaped the destinies of numerous generations even more than the powers of empires. Roy criticises the (unquestioned) power of these laws by portraying the lives of three generations in a Syrian-Christian family in communist Kerala. And it is the older generation, the generation which saw independence arrive, that ruins their future and the future of their children and grandchildren because they are not able to come to terms with the unsolved problems of their past.

In 1969, Ammu has to pay the highest price for her attempts to ignore the so called Love Laws. She tries to free herself from old bonds by choosing her own husband, then by divorcing, and falling in love with Velutha, the untouchable. After the accidental death of their half-British cousin and niece, she and her children become the scapegoats in their family, and their friend and lover Velutha is blamed and brutally killed by the local police. Ammu is expelled from society when she refuses to lie about her relationship with the untouchable and she loses her children. At the age of 31 she dies a lonely death in a run-down hotel room.

In the course of these events Rahel and Estha, the seven-year-old twins, lose the two people in their lives who loved them and who wanted them to be strong and to grow, Ammu and Velutha. Their childhood ends abruptly, they are separated from each other and so they cannot really grow because they are always trapped by the past. They realise that they are being punished for something they did not understand, but still they feel guilty. Estha stops speaking and Rahel becomes a lonely woman whose soul is empty. As outsiders, they are not strong enough to fight the discrimination and suppression that surrounds them. Broken by the lies and intrigues, the only way to survive is to withdraw from society completely and start an incestuous relationship.

Their being together, however, is not shaped by happiness, but by hideous grief. They become transgressors who break the Love Laws, unable to find a place in society. However, because of the narrative position, it is the courageous vision of Ammu and Velutha that remains with the reader, the experience that the impossible can really happen, and therefore the reader will not forget the last word of the novel. *Naaley*. Tomorrow.

Neo-colonialism stands for the impact that advanced nations have on developing areas, very often with reference to their economies and their political identities in times of globalisation, and often with special reference to their educational system and their intellectual life. It differs from traditional colonialism in that it does not involve direct political control. However, certain aspects of domination by the advanced nation over the developing country remain as neo-colonialism is often simply a continuation of past practices.

Worksheet 10.1.3.: And Still I Rise

Keine der Frauen in *Heat and Dust* hat eine solch selbstverständliche Distanz zu den Dingen bzw. ein solch unbefangenes und sicheres Selbstverständnis wie das lyrische Ich in Maya Angelous Gedicht. Die SuS können anhand dieser eindringlichen Stimme vergleichend analysieren und fragen, wie unterschiedliche Generationen, Traditionen und Lebenswelten das jeweilige Selbstverständnis und die Rolle der Frauen prägen. Sehr interessant ist hier auch der – im Vergleich zum Roman – so ganz andere Gebrauch der Metapher *dust.*

Maya Angelou: And Still I Rise (1978)

In her poem Angelou refers to white, Eurocentric concepts of beauty which excluded Afro-Americans until the late sixties. She also deals with the legacy of slavery and the traumatic memories of violence that have shaped African-American history. Thus it "comes as a surprise" (l. 26) that the speaker of the poem is a black woman who has overcome the harms and pains of her past and speaks out as a self-confident, reliable and predictable woman who knows who she is. Provokingly she characterizes herself as being sassy (l. 5), haughty (l. 17) and sexy (l. 25). The powerful comparisons to nature emphasise her strength and her future. By comparing herself with the sun, the moon and the tides she points out that she belongs to the eternal powers which make the world go round. Her feelings of pride are frankly and teasingly expressed by saying that she walks as if she had "oil wells pumping in her living room" (ll. 7f.) and she laughs as if she had "gold mines" in her "own backyard" (ll. 19f.). By using these metaphors she refers to (male) American dreams which exploited the natives and the slaves, and she explains (between the lines) that she knows all about the suppressed and projected fears and anxieties of white men in front of a black woman. The speaker makes it clear that her feelings of self-esteem do not arise from material riches or success but from within herself **and** the history of her people. To emphasize these strong feelings of belonging she repeats the phrase "I'll rise" again and again to present her strength and to express that her dignity and her confidence are unbreakable.
Throughout almost all the stanzas the speaker addresses a second person, a "you" who could be a man, a white person, whites in general, the *master narrative* (Toni Morrison) or American society in general. The speaker makes clear that she has risen out of the dark sides of history, that she has survived a past in which people wanted to see her "broken" (l.13) and in tears, in which she was confronted with "hatefulness" (l. 23) and feelings of "shame" (l. 29). However, she has understood that she and her people have always been written down in history (cf. ll. 1ff.) and that is why she tries to rewrite her own history and redefine herself. Looking back at a past that is "rooted in pain" (l. 31) she develops pride and knows that she is strong enough to leave "terror and fear" (l. 35) behind. That is why she feels that her ancestors have given her strength and special "gifts" (l. 39) so that she has become "the dream and the hope of the slave" (l. 40) who will look after her heritage and shape her independent future, and by doing so she seems to know that the future belongs to her.

Cf. Toni Morrison: Playing in the dark. Whiteness and the literary imagination. Picador 2001.

Dass dies nur eine mögliche Interpretation ist, könnte ein Vergleich mit den sehr unterschiedlichen und beeindruckenden Lesungen und Präsentationen im Netz zeigen (zum Beispiel bei Youtube). Hier wird deutlich, dass das Gedicht auch dann Sinn macht, wenn es von schwarzen Männern vorgetragen wird. In einer anderen Gruppe spielen weiße Frauen mit ... Wie wäre es also, wenn Olivia, Inder Lal, Leelavati und die *servants* diesen Text (allein/ im Chor / als Stimmenskulptur) sprächen?
Ergänzend könnten Maja Angelous Gedichte *Human Family* oder *On the Pulse of the Morning* (zur Inauguration von Bill Clinton) gelesen oder gehört werden, beide befinden sich (Dezember 2007) auf der gleichen Webseite.

10.2. Talking about poverty

Worksheet 10.2.1. Leelavati's Death

Leelavatis Tod ist vielleicht die beunruhigendste Szene im ganzen Roman. Hier treffen Welten aufeinander, die die Erzählerin nicht mehr vermitteln kann, einerseits versucht sie zu helfen, gleichzeitig fällt sie ein vernichtendes Urteil über die mangelnde Hilfsbereitschaft Inder Lals oder Dr. Gopals, ohne auch nur in Ansätzen die hygienischen, religiösen und geopolitische Zusammenhänge und die Mentalitäten zu berücksichtigen. Die Erzählerin ist hier nicht in der Lage die Perspektive zu wechseln, um so wichtiger ist es, die SuS in diese Lage zu bringen und mögliche Wertungen vorsichtiger auszuhandeln.

Worksheet 10.2.2. The Development Set

Dass das (häufig) gut gemeinte und sehr menschliche Bedürfnis zu helfen in fremdkulturellen Zusammenhängen ggf. völlig anders aufgefasst wird oder auch sehr egoistischen Bedürfnissen und Projektionen (vgl. *Heat and Dust*) entspringen kann, lässt sich auch an diesem provokanten, fast schon zynischen Gedicht erarbeiten. Die selbstgerechte Ignoranz und das unhinterfragte Selbstkonzept des lyrischen Ichs klagt sich implizit mit bitterer Ironie selbst an. Es provoziert, zeichnet ein zugespitztes Bild, das in seiner bewussten Einseitigkeit durchaus auch zum Widerspruch der SuS einladen kann. Die (geopolitischen, ökonomischen, sprachlichen) Welten und die Ansprüche, die hier aufeinanderprallen, sind nicht zu versöhnen, gleichzeitig werden Abhängigkeiten und eine grenzenlose Ohnmacht verdeutlicht, aber auch der Mut (neokoloniale) Strukturen in Frage zu stellen, Selbstbilder anzukratzen und Verletzungen ungeschönt beim Namen zu nennen. Es ist keine leichte Kost, *when the empire writes back in a vengeance* (Rushdie), vgl. auch William Easterly: *The white man's burden. Why the west's efforts to aid the rest have done so much ill and so little good.* Penguin 2006, p. 3:

> "A planner thinks he already knows the answer; he thinks of poverty as a technical, engineering problem that his answers will solve. A Searcher admits he does not know the answers in advance; he believes that poverty is a complicated tangle of political, social, historical, institutional, and technological factors. A Searcher hopes to find answers to individual problems only by trial and error experimentation. A Planner believes outsiders know enough to impose solutions. A Searcher believes only insiders have enough knowledge to find solutions, and that most solutions must be homegrown."

Ich verdanke dieses Gedicht und so manche Einsicht in interkulturelle Widersprüche und fremdkulturelle Wahrnehmungen einem Gespräch mit James Mwinuka, dem Leiter der Lwandai Secondary School in Mlalo, Tanzania.

Gut ergänzt werden könnte *The Development Set* durch den Artikel *The Class System of Catastrophe* (Jeffrey D. Sachs, TIME, January 10, 2005), der die unterschiedlichen Auswirkungen von Naturkatastrophen auf Gesellschaften in Nord und Süd bzw. Ost und West in den Blick nimmt. Beide Texte sind auch in besonderer Weise geeignet, Wortfelder zu den Themen *natural disasters – social and economic problems in developing countries – globalization and economy – tourism* einzuführen bzw. zu erweitern.

Für politisch interessierte Kurse würde sich unbedingt auch ein Exkurs zum Thema *globalization* mit Auszügen aus Pietra Rivolis ausgezeichneter Studie *The Travels of a T-Shirt in the Global Economy* (2006) anbieten.

10.3. Talking about Visitors

Worksheet 10.3.1.: When you become a tourist

Jamaica Kincaids parodistischer autobiographischer Essay *A small Place* (1988) präsentiert einen kritisch-ironischen Blick auf die Selbstverständlichkeit mit der westliche Touristen, die in postkolonialen Zeiten nahezu überall hinkommen (können), sog. Urlaubsparadiese bevölkern. Er gewährt einen Blick hinter die Kulissen in die postkoloniale Welt der Karibik und ihrer Touristen, die mit einer in postkolonialen Romanen häufig verwendeten, ebenso aufrüttelnden wie verunsichernden Erzählhaltung, nämlich mit den „unschuldigen" Augen eines allwissenden, antiguanischen Kindes betrachtet wird (vgl. auch die Erzählperspektive bei Roy).

Die unbestechliche Polemik dieses Textes liegt vor allem darin, dass dieses Kind einfach behauptet, für andere sprechen zu können, vielleicht gerade so wie die großen allwissenden Erzähler (eines Defoe, Sterne, Kipling) ihren Lesern die Welt erklären wollten (und lange Zeit konnten). So spricht dieses Kind für die Antiguaner genauso wie für die Touristen und damit immer auch für die angesprochenen Leser (*you*), die aufgrund der massiven Vorwürfe gar nicht zu widersprechen wagen, sondern sich mit ihrem schlechten Gewissen bzw. ihrer „white readers' *Angst*" (Alison Donnell) auseinander setzen müssen. Kincaid spielt mit dem postkolonialen Diskurs und führt vor, dass *ethical divides* in kolonialen Zeiten einfacher zu definieren waren.

Mit ihrer *meditation on tourism* verdeutlicht Kincaid, dass die wirtschaftliche Übermacht der westlichen Welt, dass Armut und Vorurteile das Leben in früheren Kolonien prägten **und** das Leben der Einheimischen in der zerbrechlichen Schönheit touristischer Paradiese auch heute (immer noch) bestimmen. Die Frage nach der Rolle des Tourismus in sog. Entwicklungsländern ist seit seinem Entstehen in den 60er Jahren des 20. Jahrhunderts immer kontrovers diskutiert worden. Jürgen Hammelehle spricht von einer „Euphoriephase" in der zweiten Hälfte der 60er Jahre, in denen der Tourismus vor allem als wirtschaftlicher Faktor und als Mittel der Völkerverständigung gesehen wurde. Er spricht von einer „Ernüchterungsphase" in den (frühen) 70er Jahren, als der erhoffte wirtschaftliche Erfolg nicht eintrat und unvorhergesehene soziale und kulturelle Auswirkungen deutlich wurden. In diesen Diskurs ist Jhabvalas Portrait der jungen Touristen eingeschrieben, vor allem auch A. Roys Beschreibungen des History Houses und des Kathakali Tanzes in *The God of Small Things*.

Im Jahre 1971 erläuterte I.G. Patel, der damalige indische Staatssekretär im indischen Finanzministerum, dass sein Land gezwungen sei, Klimahotels und Luxusinseln zu bauen, damit Touristen Divisen ins Land brächten, die dann wiederum für Importe ausgegeben werden müssten, da die Einrichtungen für diese Hotels, für die Luxusbusse, aber auch für bestimmte (gewünschte) Nahrungsmittel eingeführt werden müssten. In seiner Vorstellung von Entwicklungspolitik hätten die durchreisenden Touristen jedoch keinen Platz, da sie nicht zur Völkerverständigung beitrügen, sondern eher Probleme schaffen würden (vgl. Jürgen Hammelehle: „Ich habe das Recht, mir zu nehmen, was ich bezahlt habe" – Schattenseiten des Ferntourismus in Entwicklungsländern, in: Klemens Ludwig, u.a. Der neue Tourismus. Rücksicht auf Land und Leute. Beck 1990, S. 47ff.).

In vielen nationalen Entwicklungsplänen wird (muss) der Tourismus mittlerweile als Ressource gesehen (werden), die zur Überlebenssicherung der Bevölkerung beitragen kann. Viele Entwicklungsländer verfügen über ein warmes Klima, über häufig (noch, scheinbar) unberührte Landschaften, exotische Kulturen und Völker. Diese „Ressourcen" können in der Heimat vieler westlicher bzw. nördlicher Touristen weder substituiert noch importiert werden, so dass mittlerweile viele Länder darauf setzen, dass sie diese touristischen Attraktionen im Gegensatz zu Gütern der Agrar- und Industriewirtschaft nahezu konkurrenzlos anbieten können. Erst allmählich setzen sich hierbei auch Strömungen durch, die erkannt haben, dass nur eine ökologische Stabilität, d.h. eine Umweltverträglichkeit des Fremdenverkehrs diese Ressourcen sichern kann (*sustainable development*). Vgl. hierzu: Karl Vorläufer. Tourismus in Entwicklungsländern.

Möglichkeiten und Grenzen einer nachhaltigen Entwicklung durch Fremdenverkehr. Wissenschaftliche Buchgesellschaft : Darmstadt 1996.

Worksheet 10.3.2.: Frauenjournal

Warum Frauen ihre Kinder oder Enkel töten, ist eine Frage, die eigentlich nicht zu beantworten ist, denn jede mögliche Antwort hinterlässt neue Fragen (vgl. den uralten Meda-Mythos oder Toni Morrisons *Beloved* oder auch den einen oder anderen Zeitungsartikel in bundesdeutschen Lokalzeitungen). Diesen Müttern oder Großmüttern wird mit noch mehr Unverständnis begegnet, als den Frauen, die (ihre) Männer töten (Sirenen, Medusen, Amazonen, Judith, Johanna, etc.), denn viel „plausibler" oder „menschlicher" oder „weiblicher" wäre es doch, sie würden (ihre) Männer und Kinder immerzu retten oder sie brächten wenigstens sich selbst um (vgl. Elisabeth Bronfen: *Over her Dead Body. Death, Femininity and the Aesthetic* (1996) oder Sigrid Weigel: *Die Stimme der Medusa* (1996)).
Sujata Bhatt gelingt mit ihrem Gedicht genau das, was das lyrische Ich des Gedichtes sich fragt, ob es denn gelingen könnte: *to bear witness with words*. Dabei ist sie nicht *judgemental* und schon gar nicht *indifferent*, sie stellt vielmehr dar, wie die Frauen in diesem Gedicht vor der Ungeheuerlichkeit der Ereignisse nahezu verstummen, schuldig werden und doch ihre sprachlose Würde nicht gänzlich verlieren wollen, weil sie weiterleben (müssen).
Neben der Perspektive von Kindern (s.o.) ist die Beziehung zwischen Müttern und Töchtern ein wichtiger Diskurs in der postkolonialen Literatur, da er in postkolonialen Gesellschaften per se mit Schuld besetzt ist, weil viele Frauen, insbesondere mit niedrigem Bildungsgrad und in ländlichen Lebenswelten, alleine nicht in der Lage sind, den Kreislauf von Hunger, Gewalt, Tradition und Diskriminierung zu durchbrechen und ihre Kinder zu schützen bzw. erst einmal am Leben zu halten.
Die Frage, die das Gedicht jedoch auch stellt, ist, ob diese Frauen das westliche Fernsehen brauchen und ob nicht das Mädchen eigentlich zweimal verstümmelt wird. Susan Sontag, eine beharrliche und weise Beobachterin dieser Teufelskreise, sagte hierzu: "For a long time some people believed that if the horror could be made vivid enough, most people would finally take in the outrageous, the insanity" (S 12); jedoch kommt sie zu einem anderen Schluss:

"To speak of reality becoming a spectacle is a breathtaking provincialism. It universalizes the viewing habits of a small, educated population living in the rich part of the world, where news has been converted into entertainment – that mature style of viewing which is a prime acquisition of 'the modern', and a prerequisite for the dismantling traditional forms of party-based politics that offer real disagreement and debate. It assumes that everyone is a spectator. It suggests, perversely, unseriously, that there is no real suffering in the world. But it is absurd to identify the world with those zones in the well-off countries where people have the dubious privilege of being spectators, or of declining to be spectators, of other people's pain, just as it is absurd to generalize about the ability to respond to the sufferings of others on the basis of the mind-set of those consumers of news who know nothing at first hand about war and massive injustice and terror."
Susan Sontag. Regarding the pain of others. Hamish Hamilton 2003, S. 84ff.

Die SuS werden sich mit dem Gedicht fragen, wie Frauen leben, die ‚so etwas' Unverständliches tun, vielleicht auch an Ritu denken, von deren Leben wir in *Heat and Dust* so wenig erfahren. Jedoch auch hier sei vor vorschnellen Schlüssen gewarnt. In westlichen Medien wird eher vereinfachend von der armen, unterdrückten, geknechteten indischen Frau gesprochen, die verheiratet wird und patriarchalische Männer bedienen muss. Diese Frauenschicksale gibt es natürlich, aber es hat in Indien auch schon sehr frühe Frauenbewegungen mit vielen unterschiedlichen Gesichtern gegeben, vor allem gibt es heute viele Frauen, die es ablehnen, sich vom Westen ihr Leben interpretieren zu lassen (vgl. u.a. Arundhati Roy: *The Ladies have feelings, so ..Shall we leave it to the experts?* In: *The Algebra of Infinite Justice* (2002), S. 165ff.) und gerade auch Mädchenmorde schärfstens verurteilen.

Nothing must be done independently by a young girl, by a young woman, or even by an aged one, not even in her own house. In childhood a female must be subject to her father, in youth to her husband, when her lord is dead to her sons; a woman must never be independent.
Manu (200 BCE)

May you be the mother of a hundred sons.
Hindu wedding blessing

Male and Female life in rural India – dates and facts

With a population of 1,129,866,154 in July 2007 India's population has risen by 21.34 % since 1992. About 495,738,169 Indians are females, and of that number, about 120 million are women who live in extreme poverty. India is one of the few countries where males significantly outnumber females, and this gap has increased over time. India's maternal mortality rates are still among the world's highest. From a global perspective, India accounts for 19 percent of all live births but also for 27 percent of all maternal deaths. Social scientists estimate that the deaths of one-to-five-year-old girls exceed those of young boys by over 300,000 each year, and they claim that every sixth infant death is specifically due to gender discrimination.
Gender disparities in nutrition are evident from infancy to adulthood. For example, girls are breast fed less frequently and for a shorter time, and males are fed first and better in childhood and adulthood. Women consume approximately 1,000 fewer calories per day than men, and that's why they hardly ever reach their

full growth potential and suffer from anaemia, both of which are risk factors in pregnancy which result in low birth weight infants.

Another way of parents discriminating against their girl child is through neglect during illnesses. When sick, little girls are not taken to the doctor as quickly or regularly as their brothers, and also adult women get less health care than men. Women tend to be less likely to admit that they are sick and they wait until their sickness has progressed before they seek help or help is sought for them. Women's health is further harmed by air and water pollution and lack of sanitation. The impact of pollution and industrial wastes on health in rural India is considerable. The smoke, for example, from household biomass stoves (made up of wood, dung and crop residues) within a three-hour period is equivalent to smoking 20 packs of cigarettes.

Violence against women and girls is perhaps the most pervasive human rights violation in the world today. The fear of violence is often a reason for women's hesitance to get involved in activities beyond the home or even inside it. Within their homes, women and girls may also be subjected to physical and sexual abuse as punishment or culturally justified assaults. These acts shape their attitudes towards life, and their feelings of self-esteem. Today the insecurity outside the household is the greatest obstacle, because being convinced that the cruelties within the house are rather endurable compared to the atrocities outside the house, women often accept their inferiority in the house **and** consequently in society.

Further sources: Terre des Femmes, Terre des Hommes, Doctors Without Borders, UNICEF, PLAN, Amnesty International, Human Rights Watch. Women's Movement in India: Elleke Boehmer: *Stories of Women: Gender and Narrative in the Postcolonial Nation.* Manchester University Press 2005 /// Radha Kumar: *The History of Doing: An illustrated Account of Movements for Women's Rights and Feminism in India, 1880-1990.* New Dehli 1993.

Es ist wichtig, dass die SuS in ihrer Auseinandersetzung mit dem Gedicht die unterschiedlichen Rollen der Frauen, und die ambivalente Verwischung der Rollenzuschreibungen zwischen Opfern und Tätern genau herausarbeiten (Großmütter, Mütter, Töchter, Journalistin, Zeugin, Fernsehzuschauerin, Kamerafrau, ...).

Worksheet 10.3.3.: Gap year

Auch in diesem Artikel geht es um Haltungen, Wertungen und Erwartungen. Die SuS können (gerade auch mit den bisher erarbeiteten Texten) die Ambivalenz dieser „Gap-Mode" erörtern und kritisch hinterfragen, wer hier eigentlich was für wen tut. Es kann und darf hier nicht darum gehen, Jugendlichen bzw. jungen Erwachsenen das Reisen auszureden, allerdings sollten sie zu verstehen suchen, dass sie nicht per se überall auf der Welt „gern gesehen" sind oder gar „gebraucht" werden, letzteres schon gar nicht ohne Berufsausbildung. Viele junge Erwachsene in sog. Entwicklungsländern haben kein Interesse daran, als Mittel für einen spannenden Lebenslauf bei der Karriereplanung missbraucht zu werden.

Man könnte nach der Bearbeitung des *Worksheets* entsprechend ein fiktives Bewerbungsgespräch führen lassen, in dem z.B. folgende Fragen eine Rolle spielen könnten, die von Vertretern der gewählten Zielkultur gestellt werden:

- What do you want to learn from my country / in my community?
- What does travelling mean to you?
- Why do you want to build a well in the African / Indian desert if you have never done this at home?
- Why don't you want to study in my country?
- Why don't you want to work in this country after you have finished your education / studies / apprenticeship?
- Why do you believe that you have the right to educate our children?

Vgl. in diesem Zusammenhang beispielsweise auch Jean-Marie Tenos DVD "Das koloniale Missverständnis" (2006, bei EZEF – Evangelisches Zentrum für entwicklungsbezogene Filmarbeit).

10.4. Let's do something else

Worksheet 10.4.1.: Let's do something else

Zephaniahs Artikel wurde kontrovers diskutiert und er lädt ein, Position zu beziehen. Gleichzeitig lernen die SuS, dass bestimmte Traditionen nicht nur in Indien, sondern auch in England ein langes Leben haben. Die Biographien der beiden Autodidakten Zephaniah und Sawhney laden zum Schmökern und Kennenlernen ein, sind aber auch exemplarische Migrationsbiographien zweier Persönlichkeiten, die viel verarbeitet und viel geschafft haben und beide wissen, wovon sie reden.

Worksheet 10.4.2.: Mental Fight

Ben Okri nimmt im Titel seines *Mental Fight - Anti-Spell for the 21st Century* Blakes Gedicht (vgl. *Worksheet* 9.1.) wieder auf, nur löst er Blakes sehr positive Vision von England ab und überträgt sie in eine globale Perspektive, ein Gedankengang, den man auch als *decolonization of the mind* bezeichnen könnte. Sein Appell kann deutsche SuS abschließend dazu anhalten zu diskutieren, ob und wie eine Gesellschaft mit historischer Schuld und einem entsprechenden Erbe umgehen bzw. dieses verarbeiten und ggf. aufarbeiten kann, hierbei sollte vor allem auch problematisiert werden, was die Rolle des / der einzelnen Nachfahren dabei sein könnte. Die herauszufindende Liste der eingearbeiteten Titel benennt kanonische Texte einer eurozentristischen (Literatur-) Geschichtsschreibung und eines (globalen?) kulturellen Gedächtnisses, in dem z.B. Asien und auch Australien (noch) fehlen. In einem Projekt könnten sich die SuS auch auf die Suche machen und ergänzen bzw. den Text weiterschreiben.

The Gospels	Bible
The Human Comedy	Honore de Balzac
The Divine Comedy	Dante
One Thousand and One Nights	various authors from Arabia, Persia, India
Crime and Punishment	Fyodor Dostoevsky
War and Peace	Leo Tolstoy
Pride and Prejudice	Jane Austen
The Sound and the Fury	William Faulkner
Beyond Good and Evil	Friedrich Nietzsche
Being and Nothingness	Jean Paul Sartre
The Tempest	William Shakespeare
The Trial	Franz Kafka
The Wasteland	T.S. Eliot
Things Fall Apart	Chinua Achebe
One Hundred Years of Solitude	Gabriel García Márquez
The Remembrance of Things Past	Marcel Proust
The Kingdom of this World	Alejo Carpentier
Astonishing the Gods	Ben Okri

Okris eindringliche poetische Vision zu Beginn des 21. Jahrhunderts ist auch als Hörbuch erhältlich (ISBN 0-75283-195-X)

11. Klausuren: Erwartungshorizonte und mögliche Lösungen

Die drei vorgeschlagenen Texte (ein Romanauszug, ein Zeitungsartikel, ein autobiographischer Essay) gehen auf wesentliche Zusammenhänge ein, die im Zuge der Auseinandersetzung mit dem Roman erarbeitet werden, und bieten unterschiedliche Anforderungsniveaus. Alle Aufgabenstellungen decken die Anforderungsbereiche I-III ab und bieten den SuS die Möglichkeit zur kreativen Auseinandersetzung und/oder zur kritischen Erörterung. Die sprachliche und inhaltliche Progression steigt von Klausur 1 bis Klausur 3 und auch die Aufgabenstellungen werden komplexer. Die Klausuren 1 und 2 können auch nach Teilanalysen bestimmter Aspekte des Romans geschrieben werden (*Raj* / Britain as a Colonial Power bzw. die Beziehungskonstellation in der modernen Geschichte), für die dritte Klausur sollten die SuS die Zusammenhänge beider Geschichten und einige Fragestellungen des postkolonialen Diskurses erörtert haben.

Klausur 1

1. The 87-year-old man has come back to Simla which he left 80 years ago in colonial times when he was seven. At that time he might have been sent to a boarding school in England while his parents might have stayed in Simla. The students should realize that the narrator is speculating about this man, they do not talk to him but portray him as an example of an old colonialist.

2. The old man is very happy about his discovery. The narrator and all the other people he meets are full of sympathy for his search project, it would have been "a tragic quest" if he had not found the house.

3. The old Simla is portrayed in a very positive light (*childhood, butterfly, dreams, view*, etc.), whereas the narrator grumbles about the changes (*faceless, synthetic, without history, monkey*). The images of England are predominantly gloomy (*bleak, wet, cloudy*). The narrator uses a lot of black-and-white imagery and her intention is not very clear. Would she prefer to go back to the old days? There is no social commentary, and no hint that the Raj was anything other than an innocent adventure abroad or that there was any greed or evil intent behind it. Neither the old man nor the narrator give any indication of being in the least critical of the Raj. This is of course in stark contrast to the brutality and hypocrisy of the Raj and its historical and social consequences as depicted in *Heat and Dust*. On the one hand the novel portrays Simla as a sort of holiday resort, an idle place where people can withdraw or socialize and recover from work or the effects of the climate. On the other hand, however, Jhabvala makes it very clear that it is a somehow artificial, colonial place, their little England or

the 'Cotswolds' of the Himalayas, which Mrs Crawford leaves as soon as Olivia's reality reaches her, or which the civil servants cannot indulge in as long as the Nawab or the dacoits keep them busy with their criminal activities.

4. The old man's quest is a much simpler one. It is an innocent voyage back into his childhood, he is exploring that natural curiosity that we all feel to re-visit places we know from our past. The worst criticism that could be levelled at this urge is mild narcissism. But it is harmless, because it involves nobody else, unlike the possible comparisons in *Heat and Dust* because all the Europeans (the civil servants and the backpackers) somehow get involved with natives whom they do not meet at eye level. Here the students can choose from the novel's characters and also consider their own preferences. The metaphors could refer to the very different worlds they live in or to character traits *(squirrel, opera singing, piano, oasis, embroidery, smoking, praying beads, rucksack, souls from hell, food, etc.).*

Klausur 2

1. It is obvious that Samar does not look at Miss West while she is talking. The landscape, the weather and the proceedings in the second boat and on land mirror his feelings and / or somehow comment on them, they reveal an atmosphere of extreme cold, loss, sadness, insecurity, uprooting or rootlessness, futility, etc. Students should refer to at least two of the following aspects:
   - Miss West mentioning the name Catherine, the men in the boat seem to mirror Samar's heartbeat or excited uneasiness (*frantically, frenzy*);
   - the stillness of the Indian women as stark contrast to Miss West's energetic way of talking;
   - the urn (which presumably contains ashes of a deceased relative of the people in the boat) as a possible foreshadowing or a comment; in the course of Miss West's story, Samar's picture of Catherine dies, or at least undergoes radical change;
   - the clouds of dust which seem to tie in with the old story; or which seem to uncover suppressed memories and feelings;
   - the air which makes everybody freeze;
   - the trembling lights at the end of the scene.
2. Catherine took Anand with her to Paris but he could not make a living or feel at home in her (upper-) middle-class world. People did not welcome him so that he finally gave up and returned. While Catherine has got involved in new relationships and settled for starting a family, Anand has still not got over the affair. He lives an isolated and lonely life in Delhi, his affair has also affected his family. Miss West is very judgemental and righteous in her way of talking about the relationship (Possible quotations: *neurotic, insecure, pathetic, trophy, European consumption, tedious, it was all very odd, devastated, pining, people like him, misery, wretchedness*, etc.). She is also very insensitive as she does not realize at all what her story means to Samar.

3. The outline of this comparison depends on the examples the students choose to compare and discuss. They could refer to some of the following aspects: clearly both relationships are intercultural and involve East meeting West. Both women have ulterior motives for starting and/or having the relationship(s). Ms Rivers is looking for direction in her life, and speaks of its emptiness, Catherine is anxious to show off her Indian boyfriend in Paris as a "trophy", so she sees him as a kind of social attribute to boost her popularity or social "specialness". Both women, as representatives of the West, initiate the relationships, or at least dominate their partners. Both relationships fail. Inder Lal is never given a chance as Ms Rivers does not even tell him of her pregnancy: in many ways she abandons him. The demise of the other relationship is less clear, and the negative effect on Anand is much more pronounced than that on Inder Lal. On the one hand, there are strong hints in the Catherine/ Anand story that social pressure kills the relationship, on the other hand it does not become clear if indeed the flighty Catherine ever felt anything for Anand. One imagines the overbearing, disapproving, self-righteous Miss West as writing off the relationship from the start, obsessed as she is with social norms. "Security, stability, all those middle-class things" is actually all she believes in, despite her apparent scorn. In *Heat and Dust*, however, the searingly cruel and hypocritical slings and arrows of social scorn are aimed much more at Olivia in 1923 than at the Rivers/Inder Lal relationship - though the latter, like Anand, is clearly a victim of the empty-headed, flighty lack of direction and responsibility of a western woman, whose objects of social experimentation they both, unluckily become.

4. There is much truth in the humiliation and exploitation theory. Certainly open heartedness and naiveté are heavily punished in the novel: Harry, Olivia and Inder Lal are all outcasts, abandoned or abused by other characters or groups of characters, who, for various reasons and ulterior motives are the losers in the novel. In this context the students could discuss, for example, the Nawab's ambition and his petty-minded regal arrogance, the maintenance of the abusive social status quo during and after the Raj or Ms Rivers' self-centred wish of "finding herself" and her narcissistic search for direction at the expense of others. There is much bleakness, too: Olivia's exile, the Nawab's undying cynicism (e.g. at the hanging of the dacoits scene), Ms Rivers' utterly uncaring attitude towards Inder Lal once she has (ab)used him to find direction and meaning in her life in the form of **his** child. Olivia's moving and vivacious openness, naturalness and lack of inhibition, Harry's loyalty and devoted love to the Nawab, Inder Lal's sheer helplessness and overwhelmed subjection, all these are exploited, chewed up in the machinery of individual and collective self-interest.

Klausur 3

1. According to the narrator, colonial policies shaped political, economic and cultural life in Antigua while the native population did not have the chance to handle their own affairs. The narrator believes:
- that the English colonialists wanted to build another England;
- that the Antiguans had to adapt to English norms and conventions (examples: education, schools, language, law, economics);
- that native traditions were abolished, norms and values were put into question.

2. In post-colonial times the narrator's life is still haunted by the past, she feels trapped and cannot accept her hybrid identity. Even after independence, she has not been able to develop her own feelings of self-esteem in a positive way. Colonisation has had a huge impact and left effects on almost every aspect of her life. We see that the history of the British Empire is still present, when the Queen visits the small island or when she looks at all the big houses which were built and named during that time. Economically, the Antiguan people still depend on British institutions. The first person narrator also knows that the English culture has become a part of herself even though she does not want it to (her language), and that she feels oppresses by it (education). Thus she feels inferior towards people from the West who always seem to imply to her that the natives of Antigua are not really able to run their own affairs. The narrator also realises that she has lost her roots and that she will not be able to develop an unbiased, natural relationship towards them. Thus she feels extremely hurt, angry, sad, embittered and frustrated (she can even understand some terrorist actions). Her feelings are expressed by stylistic devices that Kincaid uses again and again. Employing a very frank style, Kincaid's narrator criticises the British directly, comments ironically on their behaviour and these words are often put into brackets. Kincaid uses disrespectful words for British national heroes by simply calling them criminals, exposes racial discrimination and prejudices by using bitter irony and sarcasm. The narrator's frustration and helplessness is emphasized by enumerations and paratactic sentences. The most striking stylistic device is the second person narrative position, as a reader we feel identified or identify with the tourist being addressed, which makes us feel guilty.

3. The striking difference is that the Nawab, who secretly despises the English, cannot speak out loud whereas Inder Lal who could does not want to because he feels inferior, he is not confident about his heritage or the development of his (independent) country.

4. The students could take Dr. Gopal's views into consideration.

Pictures of India

1. What do you know about / associate with India?
2. Choose two of the pictures below. Look at them carefully, describe them systematically and analyse them. What effect do these pictures have on you?

Heat and Dust · Teacher's Guide ISBN 978-3-12-579841-0

India – Did You Know?

1. Read the following facts and figures about India. Which two surprise you most? Why?

1. The census in 2001 stated that 1,027,015,248 people live in India. The population of the subcontinent as a whole – India, Pakistan, Bangladesh – was 1.5 billion in 2006, more than a fifth of humanity. In a few years India will have overtaken China as the world's most populous country.
2. India has 22 official languages (including English) and 400 minor tongues and dialects.
3. The major religions in India are Hinduism, Islam, Christianity, Buddhism, Sikhism and Jainism. India gave birth to four world religions and welcomed Christianity long before Europe embraced it.
4. India is home to the second largest Muslim population in the world, and the Indian subcontinent as a whole houses half of all the Muslims on earth.
5. Indian society is made up of nearly 5000 castes and communities, all of them have their own stories, rules and customs.
6. The partition of the Indian subcontinent in 1947 caused one of the biggest migratory waves in history. 6 million Muslims left India to move to Pakistan and 4.5 million Hindus and Sikhs left Pakistan to settle in India.
7. Today India is the world's third largest mobile phone market (there are more than 1 million new users a week).
8. In 1998 Amartya Sen received the Noble Prize for Economics, celebrating his commitment to welfare economics and human development theories, as well as his works on political liberalism and famine and the underlying mechanisms of poverty.
9. Blood tests and medical scans are sent from the UK, US and Middle East hospitals to India for analysis and diagnosis, and UK legal firms are starting to outsource work to Mumbai (Bombay) and New Delhi.
10. In 2005, India welcomed 150,000 medical tourists who fly in to have procedures from liposuction to open-heart surgery, which can cost as little as 5 per cent of the price they would pay at home. Deals involving UK health insurers flying customers to India for treatment are expected soon.
11. Indian firms spent more than $7bn acquiring 112 foreign companies between January and September in 2006. Three of the 10 largest steel companies in the world are now under Indian ownership.
12. More Indian than British films were released in the UK last year. Bollywood films annually sell one billion more tickets than Hollywood films.
13. India is the second largest contributor to UN peacekeeping forces, with 10,000 troops.
14. India has been sending satellites into orbit since 1980 which are used for weather pictures, disaster warnings and by its 552 television and 164 radio stations on the ground.
15. Indra Nooyi, born and educated in India, is the president and chief executive officer of PepsiCo, the world's fourth-largest food and beverage company. According to Forbes magazine's 2006 poll, Ms Nooyi is the fourth most powerful woman in the world.
16. The annual contemporary fiction award for writers from the British Commonwealth and Ireland, the famous Booker Prize, was awarded in 1981 to Salman Rushdie for *Midnight's Children*, to Arundhati Roy in 1997 for *The God of Small Things*, in 2006 to Kiran Desai for *The Inheritance of Loss*.

Heat and Dust · Teacher's Guide ISBN 978-3-12-579841-0

Boxes of "Narrative Bricks" - Write a Short Story

You are going to write an Indian short story with the help of the 16 "word bricks" or clues.

Either: Throw a dice to choose the words or phrases from each box and build up your story in this way.
OR: Choose one item from each box and write your Indian short story.

1. Character A (West)	2. Character B (East)	3. History	4. Time of Day
1. woman (about 50)	1. girl	1. the year 1947	1. morning
2. man (in his 40ies)	2. boy	2. the year 1971	2. evening
3. woman (30)	3. young man	3. the year 1919	3. night
4. old woman	4. old man	4. the year 1923	4. midday
5. man (in his 20ies)	5. young woman	5. the year 1857	5. afternoon
6. old man	6. old woman	6. the year 1991	6. daybreak

5. Weather	6. Feelings	7. Setting	8. Nature
1. sun	1. loneliness	1. cemetery	1. river
2. heat	2. sadness	2. Simla	2. jasmine
3. monsoon	3. despair	3. river	3. sand
4. moon	4. passion	4. Bombay	4. tree
5. rain	5. love	5. oasis	5. dust
6. sand storm	6. longing	6. mountain	6. water

9. Problems	10. Buildings	11. Animals	12. Items
1. secrets	1. gate	1. butterfly	1. torso
2. infidelity	2. hut	2. horse	2. a newspaper
3. death	3. palace	3. snake	3. a marble angel
4. illness	4. tent	4. moth	4. piano
5. silence	5. shrine	5. squirrel	5. letter
6. prejudice	6. hospital	6. elephant	6. velvet

13. Parts of the Body	14. Allusions to Religion	15. Belongings	16. Narrative Perspectives and Techniques
1.hand	1. Krishna	1. journal or diary	1. first person narrator
2.teeth	2. cross	2. scarf	2. flashback
3.hair	3. burqa	3. salwar kameez	3. third person narrator (limited perspective of character A)
4. womb	4. Hanuman	4. box	4. omniscient narrator
5. blood	5. muezzin	5. bag	5. mainly dialogues
6. eyes	6. bell	6. pipe or cigarette	6. third person narrators (limited perspectives of characters A+B)

Heat and Dust · Teacher's Guide ISBN 978-3-12-579841-0

Boxes of "Poetry Bricks" - Write a Poem for an Anthology "Voices of India"

1. You are going to write a poem about India. Use the words and allusions in the boxes as a skeleton for your poem if you need to, or you can make up your own box(es). Write or print out the poem on coloured paper and present it in class. You could also make an exhibition of all your poems, or put them together to make an anthology.

2. Try to use the same bricks (words) to evoke different atmospheres: your first version will try to evoke an atmosphere described in BOX 1, the second version an atmosphere described in BOX 2.

purple	homeland	sand	angel
heat and dust	oleander	running / run	heat
tree	smell / smelling	blowing	sit / sitting
breathing / breathe	why	wind	hour glass
sky	water	answer	in vain
moon	lilac	eyes	listen / listening

green	you	when	morning
feel / feeling	torso	touch / touching	marble angel
star	hear / hearing	yellow	her
river	dust	water	see / seeing
him	red	evening	blue
how	sun	me	dawn

Put together boxes with your allusions or ideas for your poem:

heat		heat and dust	
	dust		
			home

Think about the atmosphere you want to create with your poem. It could be:

BOX 1	positive	calm	informal	homely
	optimistic	relaxed	warm	unique
	happy	convivial	congenial	emotional
	friendly	cosy	romantic	open to …
	merry	comfortable	lively	welcoming
	(full) of joy	pleasant	intimate	homely

or

negative	(full) of suspense	electric	stifling	**BOX 2**
pessimistic	suspicious	desperate	oppressive	
heavy	(full) of anger	poisoned	hostile	
strained	(full) of sadness	bleak	harsh	
gloomy	(full) of fear	empty	heated	
aggressive	(full) of hatred	tense	indifferent	

Heat and Dust · Teacher's Guide ISBN 978-3-12-579841-0

Organising the "While-reading Activities" - Record Sheet I

Work in the following groups / Choose one assignment:

Assignment 1:	Assignment 2:	Assignment 3:	Assignment 4:

Assignment 1: Structure

While reading the novel pay special attention to the two parallel plot(s) and to how the "chapters" are linked. Write short summaries of each chapter in a table so that the class can analyse the structure (and find parallels and differences).

Work with *Worksheet 5.1.2: Short Summaries of the Chapters…*

Assignment 2: Characters

While reading the novel pay special attention to how the characters are related (within families) to one another. Jot down some notes and be prepared to work out a family tree.

Work with Worksheet *5.2.2: Who is who? – Constellation of Characters*

Assignment 3: Reconstructing Fictional and Historical Events

While reading the novel underline all the pieces of information that are given to aspects of time: dates, the age of the characters, flashbacks, expressions like "fifteen years later", "when I was three years old" …. They will help you to reconstruct a timeline of fictional and historical events.

Work with *Worksheet: 5.3.2: Heat and Dust: A Timeline*

Assignment 4: Places

While reading the novel underline all the references to certain places like countries, regions, counties, towns, villages, mountains. They will help you to work map out *Heat and Dust* in a way that portrays the worlds of the different characters.

Work with *Worksheet 5.4: A Lesson in Geography - Places in Heat and Dust* and *Worksheet 5.4.1: Ruth Prawer Jhabvala's India in Heat and Dust*

Heat and Dust · Teacher's Guide ISBN 978-3-12-579841-0

Short Summaries of the Chapters to Analyse the Structure

1. Copy out the following table and add the necessary pieces of information into the different columns to discover parallels and contrasts between the stories. Although the narrator simply uses dates to indicate the beginning of a new "chapter", try to invent a title that fits both of the parts which belong together.
2. The two stories of the first-person narrator and Olivia are told alternately. They are also intermingled or interwoven when the author employs the techniques of flashbacks (or retrospective flashes) and foreshadowing (or anticipatory flashes / a flash forward). While you are reading, take notes on the time-shift technique in the novel by considering the links between the different layers of time:
Describe the connection between the two stories. Do you think they follow or copy each other, do they mirror or foreshadow each other; do they complement each other? Jot down some arguments for the different explanations or invent a description of your own.

Possible Title	What Happens? Events in the present (1970s)? (1973)	parallel link	What Happens? Events in the past (1923)
	Narrative Frame (**6f**)		
	2nd – 24th February (**7-16**)	letters	**16-21**
	28th February (**21-25**)		**25-43**
	8th March – 20th March (**43-49**)		**49-53**
	30th March – 15th April (**53-59**)		**59-67**
	25th April – 2nd May (**67-72**)		**72-79**
	12th June (**79-85**)		**85-90**
	15th June (**90-96**)		**96-102**
	20th June (**102-105**)		**105-112**
	31st July – 15th August (**112-116**)		**116-126**
	20th August – 27th August (**126-130**)		**130-132**
	31st August (**132-134**)		**134-136**
	Narrative Frame (**136-146**)		

Heat and Dust · Teacher's Guide ISBN 978-3-12-579841-0

Who is Who? - The First Two Pages

Read the first two pages of the novel.

1. Write down some keywords to describe the narrator's family background and her reasons for travelling to India by filling in the gaps below.
2. The narrator makes the statement "India always changes people" (**7** 8). Discuss what she might want to suggest with this statement and explain its effect on the reader.
3. Once you have read these two pages, discuss how you picture these two women and the worlds they lived in, and suggest two actresses that should play the leading roles in a film version of *Heat and Dust*. Explain your choice.

Olivia and her world	The narrator and her world
Olivia ... India in ...	The narrator ... India in ...

Family background		
.... – –	=	the narrator's grandfather
⚭ 1. Olivia	=	
⚭ 2. .... – –	=	the narrator's ....
Beth Crawford – –	=	
.... –		left Olivia's letters to Harry
.... -		handed over the letters to the narrator

Heat and Dust · Teacher's Guide ISBN 978-3-12-579841-0

Who is Who? – Constellation of Characters

2. Write the names of the characters in the appropriate column below. Are there any characters you would add?

Beth Crawford	a Scandinavian or German	Douglas Rivers	Tessie Rivers	Begum	Mary Minnies
Zahira	a chorus girl from Yorkshire	Maji	Karim	Collector Crawford	Inder Lal
Marcia	Ritu	Amanullah Khan	The Nawab of Khatm	Ms Rivers	Harry
Ferdie	Sandy	Inder Lal's mother and father (a grocer)	Chidananda	The widow of a grain merchant	The guardian of her watch
Leelavati	Major Arthur Minnies	Kitty	Royalty in Cobobpur	Douglas's son	Olivia Rivers
A young man and a girl from England	Swamis of an Ashram	Dr Gopal	Dacoits	Happy Widows	Joan Saunders
hijras					

The Palace at Khatm in 1923	**The Civil Lanes Area in Satipur in 1923**	**Satipur in the 1970s**	**Bombay**
		England in the 1970s	

3. Make up a family tree to make clear how the two worlds connect genealogically. Start with Olivia and Douglas in the middle of a page, use the following signs to indicate the relationship between the couples (+ = love relationship; ((zwei Ringe)) = married to; - = gay love).

Heat and Dust · Teacher's Guide ISBN 978-3-12-579841-0

Landmarks in Indian History

c. 2500 – 600 B. C.	Invasion of Aryan peoples whose language developed into the ancient language of Sanskrit
c. 1000 B. C.	Social development of the caste system by Aryan tribes. Four orders developed: priest, warrior, merchant and farmer as well as "outcasts" for menial tasks.
c. 560 – c. 480 B.C.	Lifespan of Gautama Buddha, the founder of Buddhism
4th – 5th centuries A.D.	Peak of ancient Indian culture (Sanskrit literature, philosophy and science)
712	First Arabic-Islamic conquests in the Indus area
c. 1200 – 1800	Muslim hegemony in northern India
1497 – 98	Vasco da Gama's voyage to India
16th century	Mogul Empire founded by Babur and cemented by Emperor Akbar
1600	Founding of the British East India (Trading) Company
1615	King James I sends ambassador to Mughal emperor Jahangir at Dehli. Tea, cotton, saltpetre, silk and indigo are sent back to England. Trading post opens at Bombay.
17th century	Competition of Portuguese, English, French and Dutch for trade with India
1668	Bombay acquired for the British by the East India Company, whose influence grows until it more or less controls India through its network of trading posts
1857	The Indian Mutiny, a Hindu and Muslim rebellion against British dominance, fails, the first war of Indian independence is lost
1858	Government of India passes from the East India Company to the Crown (Government of India Act), the period known as The Raj begins
1869	Mahatma Gandhi is born (in Porbandar, Gujarat).
1876	Queen Victoria declared Empress of India
1885	Founding of Indian National Congress: beginning of Independence Movement
1906	All-India Muslim League founded
1918	Gandhi demands home rule.
1919	Massacre at Amritsar: British troops open fire on a protesting crowd. Gandhi begins his campaign of non-cooperation and passive resistance.
1919 and 1935	Further Government of India Acts grant limited powers but the campaign for full independence continues.
1930	Gandhi's salt march
1947	August 15th, Independence Day, followed by partition of India into two independent nations, India and Pakistan. Punjab and Bengal are divided along religious boundaries. Kashmir remains disputed. This leads to more than 12 million refugees and 1 million dead in massacres between Sikhs, Hindus and Muslims.
1948	Gandhi assassinated by a Hindu fanatic
1950	Hindi officially made the national language of India, but English remains in fact the dominant language in Parliament, law, higher education, commerce and industry
1952	First general elections: Jawaharlal Nehru (Congress Party) remains Prime Minister until 1964.
1954	Nehru adopts the goal of a "socialist pattern of society".
1957	Second General Elections, Nehru's government increases its majority.
1962	Indo-Chinese border conflict, third General Election
Early 1960s	The Green Revolution and the White Revolution see India transformed from a country reliant on food aid due to chronic shortages into an exporter of food, cotton and milk.
1964	Nehru dies in office. Lal Bahadur Shastri takes over as Prime Minister, with Indira Gandhi, Nehru's daughter, a member of his cabinet.
1965	Pakistani infiltration into Kashmir leads to war.

Heat and Dust · Teacher's Guide ISBN 978-3-12-579841-0

1966	Indira Gandhi is elected Prime Minister after Shastri's death within hours of signing a peace agreement with Ayub Khan of Pakistan.
1967	Congress majority slashed in fourth General election.
1969	The nationalization of banks is followed by the splitting of the Congress party, Indira Gandhi rules with support of left-wing parties.
1971	Indira Gandhi wins overwhelmingly in the fifth General Elections; renewed military conflict with Pakistan ends with a crushing victory for India and the formation of Bangladesh (formerly East Pakistan).
1974	India becomes the world's youngest nuclear power after conducting underground tests in a remote area of Rajasthan.
1975	Protests against the government, amidst claims that Gandhi's election was invalid: Indira Gandhi's emergency rule (until 1977)
1977	Morarji Desai (Janata Party) becomes Prime Minister of India, after Gandhi suffers electoral defeat.
1979	Charan Singh (Janata Party) becomes Prime Minister of India, after Desai's resignation.
1980	Indira Gandhi (Congress Party) returns to office as Prime Minster in a landslide victory.
1982	Asian Games held in New Dehli, prompting major infrastructure development
1983	Richard Attenborough's film Gandhi wins 8 Academy Awards.
1984	"Operation Bluestar": Sikhs' Golden Temple is assaulted by Indian Army. Indira Gandhi is assassinated by her own Sikh bodyguards. Her son, Rajiv, succeeds her and later wins elections.
1985	Rajiv Gandhi attacks inefficiency and corruption at Congress Party's centenary celebrations.
1989	Rajiv Gandhi resigns after a general election defeat. Vishwanath Pratap (V. P.) Singh becomes Prime Minister: minority government dependent on the support of the Hindu nationalist Bharatiya Janata Party (B.J.P.) and the Left Front.
1990	Violent riots in the states of Punjab, Assam and Kashmir. Escalation of social and religious violence due to Hindu nationalism and caste policies (quotas). V. P. Singh loses a vote of confidence and Chandra Shekhar forms the Samajwadi Janata Dal and becomes Prime Minister, with Rajiv Gandhi's support.
1991	Rajiv Gandhi is assassinated by a LTTE suicide bomber P.V. Narasimha. Rao (Congress) becomes Prime Minister of India.
1992	December 6: Hindu fundamentalists destroy a 16th century mosque in Ayodhya, Uttar Pradesh, and reclaim the site as the birthplace of the god Ram, communal riots spread to other parts of India, the most violent in Bombay.
1993	Continuing fighting between Hindus and Muslims
1995	Kerala is the first state to be declared 100% literate.
1996	Atal Behari Vajpayee becomes Prime Minister from mid-May until the beginning of June, when he is succeeded by H.D. Deve Gowda.
1997	Inder Kumar Gujral becomes Prime Minister.
1998	Sonia Gandhi, the Italian born widow of Rajiv Gandhi, becomes leader of the Congress Party. Atal Behari Vajpayee (Bharatiya Janata Party – BJP) becomes Prime Minister again, and immediately resumes nuclear tests in Rajasthan, shattering any hopes of a peaceful resolution to the Kashmir crisis.
1999	Kargil War when Pakistani soldiers and Kashmiri militants cross onto the Indian side of the Line of Control in Kashmir. Prime Minister Vajpayee makes historic bus trip to Pakistan and signs peace declaration.
2000	Corruption scandals come to a head when former Prime Minister Narasimha. Rao is sentenced to three years' imprisonment for bribery. India marks the birth of its one billionth citizen. Bill Clinton makes a historic visit.
2001	General Pervez Musharraf and Atal Behari Vajpayee meet for peace talks over Kashmir. The Kashmiri assembly in Srinagar is attacked in October, leaving several people dead, and the Indian Parliament in New Delhi is attacked in December. Massive earthquakes strike Gujarat.
2002	Violent riots between fundamentalist Muslims and fundamentalist Hindus hit Gujarat; Dr Abdul Kalam, a Muslim and the architect of India's missile programme, is elected president.
2003	Diplomatic relations are restored between India and Pakistan, and the bus service linking Delhi to Lahore resumes.
2004	Sonia Gandhi leads the Congress Party to victory in the elections. Dr. Manmohan Singh becomes Prime Minister of India.
2006	Second round of Indo-Pakistani peace talks
2007	Samjhauta Express is firebombed, causing many fatalities.

Heat and Dust · Teacher's Guide ISBN 978-3-12-579841-0

Heat and Dust: A Timeline

In the novel the author invents or alludes to both fictional and historical dates and events.
While reading the novel, try to reconstruct the chronology of these stories by completing this table with the appropriate dates, names or page numbers.

A timeline – reconstructing the fictional and historical dates and events mentioned or referred to in the novel

Dates	Events	Pages
1600	The .... Company is founded.	p. 41 / 84
1817	.... refrains from fighting and becomes the first Nawab of Khatm.	
	The palace at Khatm is built.	
	The practice of Suttee is outlawed.	
1857	The .... begins.	
1858	The English Crown replaces the East India Company and rules over India.	---
1877	.... is declared Empress of India.	---
	Douglas is born.	
	The Nawab is born	
	Major Minnies comes to India as a political adviser to some Indian princes, including the Nawab (who starts to rule over Khatm at the age of ....).	
1912	A famine strikes Dhung.	p. 78
	Amritsar Massacre	p. 22
	The Minnies have their last holiday in Simla together, after that year there are always troubles in the areas which Major Minnies is in charge of.	
	The Nawab becomes friends with Harry in London, Harry moves to Khatm. Sandy leaves the Nawab; her family wants the Nawab to return her dowry (Cobobpur affair).	
1920s	After Amritsar (1919) Gandhi changes his policies, he organizes boycotts and marches. The British increase their militancy. Gandhi is imprisoned from 1922-24.	----
1923	Olivia decorates a bungalow in Satipur. The Rivers, Minnies, Saunders, and Crawfords attend a party at the Nawab's palace. .... days later, the Nawab pays Olivia a surprise visit at her home. In March the Nawab secretly invites Olivia on a picnic. On 14th April there are riots on .... Day because of the presence of Hindu worshippers at a shrine founded by a Muslim. On 17th April: Beth Crawford and Mary Minnies leave for .... Olivia refers to "Mr Ghandi and these people" (p. 76); Douglas does not believe that they will succeed in gaining independence. The local officials believe that the Nawab supports or even encourages dacoit violence in Khatm. The Nawab seduces Olivia near the shrine of .... Constant riots in Khatm and near Satipur cause trouble. After the monsoon, Olivia asks Harry to ask the Begum to arrange an abortion. After it has been performed, Olivia flees from the hospital into the palace and settles in an unnamed town in the mountains. .... (*date*): Beth returns from Simla, Harry leaves India, Tessie meets Douglas. A court of inquiry is set up in Khatm, where a prime minister is appointed to take charge of affairs. The Begum moves to .... ; Sandy is in .... for medical treatment.	

Heat and Dust · Teacher's Guide ISBN 978-3-12-579841-0

Dates	Events	Pages
	The gang of dacoits around Khatm is brought to trial and its members are sentenced to death, the Nawab accompanies them to the place of their execution.	
	Douglas and Tessie meet again in England, they marry and return to India. They have a son (who subsequently becomes the narrator's father) who leaves India at the age of twelve to enter a boarding school in England (in about 19...............).	
	The Nawab, now aged ...... , wants to meet British authorities in London to solve his domestic / financial problems, he also visits Harry.	
late 19.....s	The narrator is born. She is .... years old when Douglas dies, and a few years older than Inder Lal (she guesses). The Begum moves to New York.	
15th August 1947 **ca. 1948**	Day of Independence – India and Pakistan are founded. Many Muslims leave Khatm or are killed in riots. .... has reached retirement age and leaves India. Karim and Inder Lal are born.	
1949	The first war between India and Pakistan.	----
	The Nawab dies in the Begum's arms in her apartment in New York, laughing and remembering the execution of the dacoits in 1923. He leaves the palace to his infant nephew Karim.	
early 19......s	After Douglas's death Harry makes contact to Beth and .... who have shared a house in Surrey since their husbands' deaths.	
	.... dies in the mountains, her body is cremated on the Hindu cremation ground near X, the narrator believes that her ashes were scattered in the mountains.	
	Leelavati settles in Satipur.	
	Second war between India and Pakistan	---
1971-72	Third war between India and Pakistan. .... is founded.	---
	The narrator meets Karim and Kitty in London, Karim has negotiations with the present government (Indira Gandhi, Prime Minister from 1966-77 and from 1980-84) about selling the palace.	
early 1970s	The narrator travels to .... to find out more about Olivia's story.	
February	The narrator arrives in .... Two weeks later she arrives in Satipur and stays with Inder Lal and his family. She visits the palace in	
March	The narrator has a picnic with .... The narrator visits the suttee shrines with Inder Lal's mother. (The last suttee had taken place in ....). Chid moves in with the narrator at Inder Lal's.	
April	The narrator visits Baba Firdaus' shrine with the Indian women on .... (14th April) and is disappointed. Ritu suffers from what are perhaps epileptic fits.	
May	.... , Inder Lal's mother and .... leave for a pilgrimage to the Himalayas.	
June	.... dies in Satipur. The narrator seduces Inder Lal at the shrine of Baba Firdaus.	
....	The narrator realizes that she is pregnant.	
August	.... comes back from the mountains in terrible health.	
September	Chid returns home. The narrator visits Olivia's place in the mountains (X) and moves to an .... to give birth to her child.	

A Lesson in Geography - Places in *Heat and Dust*

In her novel, Ruth Prawer Jhabvala does not only portray colonial and post-colonial times by inventing characters from different worlds who meet and try to build up relationships. By portraying their lives she also subtly portrays how different worlds (dis-)connect through political developments, travelling or moving from one place to another, and that these events change peoples' lives.
While you are reading the novel, underline all the names of countries, towns, districts and places you come across.

India and Pakistan (60)	**Satipur** (significant name: place of the faithful wife)	**Great Britain**
		London
	Fictional Places in India	**Europe**
		The Rest of the World

Heat and Dust · Teacher's Guide ISBN 978-3-12-579841-0

Ruth Prawer Jhabvala's India in *Heat and Dust*

1. Check all the Indian towns and places mentioned in the novel in an atlas (or on the internet) and add them to this empty map of the Indian sub-continent. Can you work out where the fictional towns are supposed to be?

2. Then complete the statements below the map.

Border 1 came into existence in ____________ (year), when ....

....

Border 2 was formed in ____________ (year), when ....

....

Heat and Dust · Teacher's Guide ISBN 978-3-12-579841-0

Organizing the While-Reading Activities – Character Profiles - Record Sheet II

1. Get together in the following groups / Choose one assignment:

Assignment 1:	**Assignment 2:**	**Assignment 3:**	**Assignment 4:**
Assignment 5:	**Assignment 6:**	**Assignment 7:**	**Assignment 8:**

2. When you have finished reading the novel get together in your groups and create a poster for your character. Bring a suitable picture if you can find one in a magazine or online.
Present your poster to the rest of the class. Each of you should have a clear role in the presentation.

Assignment 1: Olivia Rivers

While reading the novel underline all the pieces of information you can find about **Olivia's** character / personality and her biography.
(For instance: Where was she born? How old is she? What does she look like? What does she like or dislike, love or hate? How does she behave when she is happy or angry? What does she long for or dream of? What is typical of her? How do other people feel about her?)

Assignment 2: The Nawab of Khatm

While reading the novel underline all the pieces of information you can find about **the Nawab's** character / personality and his biography.
(For instance: Where was he born? How old is he? What does he look like? What does he like or dislike, love or hate? How does he behave when he is happy or angry? What does he long for or dream of? What is typical of him? How do other people feel about him?)

Assignment 3: Douglas Rivers

While reading the novel underline all the pieces of information you can find about **Douglas's** character / personality and his biography.
(For instance: Where was he born? How old is he? What does he look like? What does he like or dislike, love or hate? How does he behave when he is happy or angry? What does he long for or dream of? What is typical of him? How do other people feel about him?)

Assignment 4: Harry

While reading the novel underline all the pieces of information you can find about **Harry's** character / personality and his biography.
(For instance: Where was he born? How old is he? What does he look like? What does he like or dislike, love or hate? How does he behave when he is happy or angry? What does he long for or dream of? What is typical of him? How do other people feel about him?)

Heat and Dust · Teacher's Guide ISBN 978-3-12-579841-0

Assignment 5: Ms Rivers – the first-person narrator

While reading the novel underline all the pieces of information you can find about **the (first person) narrator's** character / personality and her biography.
(For instance: Where was she born? How old is she? What does she look like? What does she like or dislike, love or hate? How does she behave when she is happy or angry? What does she long for or dream of? What is typical of her? How do other people feel about her?)

Assignment 6: Inder Lal

While reading the novel underline all the pieces of information you can find about **Inder Lal's** character / personality and his biography.
(For instance: Where was he born? How old is he? What does he look like? What does he like or dislike, love or hate? How does he behave when he is happy or angry? What does he long for or dream of? What is typical of him? How do other people feel about him?)

Assignment 7: Chidananda

While reading the novel underline all the pieces of information you can find about **Chid's** character / personality and his biography.
(For instance: Where was he born? How old is he? What does he look like? What does he like or dislike, love or hate? How does he behave when he is happy or angry? What does he long for or dream of? What is typical of him? How do other people feel about him?)

Assignment 8: Maji

While reading the novel underline all the pieces of information you can find about **Maji's** character / personality and her biography.
(For instance: Where was she born? How old is she? What does she look like? What does she like or dislike, love or hate? How does she behave when she is happy or angry? What does she long for or dream of? What is typical of her? How do other people feel about her?)

Heat and Dust · Teacher's Guide ISBN 978-3-12-579841-0

How to Give a Presentation (for Record Sheet II)

A presentation provides an audience with pieces of information and / or results. A good presentation is not a speech, but rather a short lecture or talk which offers sources of clear and precise information and uses visual aids. A presentation can only be really helpful to somebody if it is well-organized, interesting or even entertaining. Therefore informing an audience about a topic is an important skill to practise and to master.

Preparing a Presentation

The best way to prevent nerves when you speak in front of a group is being well prepared. Here are some tips:

☞ You should **write down notes** for your speech which include **keywords** only. **Cards** are helpful. Write down only a few items on one card, so that you can refer to it easily without losing track of things. *Number your note cards* and write in capital letters or use bold print.

☞ In order to **speak correctly**, you should have a general idea of what you are going to say so you can **check your grammar, vocabulary (register) and pronunciation** with a dictionary beforehand or with a member of your group if you are sharing the presentation.

☞ **Practice your talk beforehand** in your group or at home with a friend, a member of your family or use a mirror. It is important, however, that you speak out loud and clearly.

☞ If your presentation has a **time-limit**, record yourself and time it. That also helps to check your pronunciation and your fluency.

☞ Think about **material** you could use to make your presentation interesting and informative for your listeners, e.g. by using *pictures, diagrams, transparencies, maps, drawings, charts, videos and CDs,* different colours on your poster, etc.

☞ If you need an (overhead) projector, flip chart, tape recorder, etc., make sure that all the **equipment** you need is in the room of your presentation and check beforehand how it works. Practice using it if necessary.

During a Presentation

☞ **At the beginning** you should **welcome the audience** and then tell them what you are going to talk about. Give them a **short overview** of what they are going to listen to.

☞ Provide a clear **outline** of your presentation and provide or explain new vocabulary if you think it is necessary (use a transparency or a handout).

☞ Tell the audience whether they can **interrupt you with questions** or if you want them to wait until later. If you choose the latter **ask your audience to take some notes** or **hand out an information sheet.**

Remember these rules for speaking:

☞ **Speak clearly and loudly** enough for the audience to hear you; do not rush through what you are saying, otherwise you may have difficulties in speaking.
☞ Try to **speak freely** without fixing your eyes on your paper or the note cards all the time.
☞ Look into the audience at least once in a while. They will find it easier to listen to you if you **look at the audience** most of the time. Let your eyes wander around all the audience and look into their faces so that you see their reactions or questions.
☞ Write **new or difficult words** on the board and explain them or prepare a handout.
☞ Have *a* **well-structured plan**; otherwise you will confuse your listeners.
☞ **Do not speak too long** (20 minutes is usually the longest your listeners can concentrate on).

"Pep up" your speech:

☞ Use **visuals, handouts**, etc. to hold your audience's interest. If you use an overhead projector make sure that you do not put too much information on your transparencies or pictures and that they can be read easily and be seen by people in the back row. Give your audience enough time to watch or read if necessary.
☞ After a longer phase of listening it is good if you think of something that your **<u>audience could do</u>** (ask them to find something on a map, to read out a passage that you have prepared on a copy, spread around some short quotations and use the audience as your assistants who will read the quotations when you ask them, make them look at something together, have them fill in a worksheet, make them discuss a certain point in pairs/groups, make them comment on something, ask a question that you yourself cannot really answer but would like to, etc.)

Pay attention to your body language:

☞ **Stand straight** on both feet and face the audience.
☞ **Keep eye contact** with them.
☞ You should not walk around for no reason, but **stand still** and straight so your listeners can concentrate on what you are saying.
☞ Try to address your audience with **gestures** that are open and motivating (a friendly face helps people to listen).

Ending your presentation:

☞ At the end of your presentation make sure that the others realize that you are finished by **thanking your audience** for their attention.
☞ You could also ask whether they have **any questions or comments.**

Heat and Dust · Teacher's Guide ISBN 978-3-12-579841-0

Vocabulary sheet: Character profiles: How does s/he feel? - What is s/he like? (for Record Sheet II)

Check these groups of adjectives and decide which group is the odd one out and why? Use these adjectives (or equivalent nouns) to work on your profiles of the characters in *Heat and Dust*

Group 1

content	discontented
amused	bored, boring
enthusiastic	tired of life
modest	proud
decisive	indecisive
generous	mean
nervous	calm
overwhelmed	cool
confident	worried
relaxed	uptight
terrific	bored, boring
fascinating	dull
honest	dishonest
different	ordinary
tender	unfeeling
interested	disinterested
lucid	puzzled
weary	awake
moody	even-tempered
patient	impatient
pleased	displeased
at ease with him/ herself	uneasy
sensible	foolish
motivated	frustrated
sociable	isolated
romantic	matter-of-fact
comfortable	uncomfortable
emotional	emotionless

Group 2

satisfied	dissatisfied
joyful	joyless
excited	level-headed
passionate	cold
delighted	subdued
open	repressed
thankful	ungrateful
demanding	easygoing
impressed	unimpressed
free	trapped
self-confident	lacking in confidence
superior	inferior
handsome	pretty
manly	womanly
sensitive	insensitive
bossy	submissive
open-hearted	condescending
self-reliant	helpless
energetic	phlegmatic
harmonious	quarrelsome
open to new ideas	stubborn
sanguine	irritable
happy go lucky	gloomy
sure of him/herself	insecure
optimistic	pessimistic
honoured	dishonoured
popular	unpopular
inhibited	uninhibited

Group 3

trusting	mistrustful
outgoing	shy
cheerful	cheerless
hopeful	disillusioned
ecstatic	depressed
empathic	selfish
intrepid	threatened
courageous	scared
encouraged	humiliated
relaxed	easily upset
sane	mad
together (inf)	hysterical
forgiving	unforgiving
clear-headed	agonized
at peace with the past	regretful
compassionate	indifferent
restrained	outraged
innocent	guilty
attentive	contemptuous
elated	distressed
responsible	irresponsible
requited	unrequited
brave	frightened
sympathetic	unsympathetic
approachable	unapproachable
fragile	strong
adventurous	cautious
reckless	caring
loyal	disloyal
reliable	unreliable
dreamy	down-to-earth
predictable	unpredictable
sentimental	sober
bold	timid
eccentric	moderate
polite	impolite

Group 4

lost	excluded
betrayed	hurt
embarrassed	self-conscious
discriminated against	rejected
disappointed	let down
condescending	arrogant, conceited
fearful	anxious
concerned	tense
oppressed	inferior
disgusted	horrified
miserable	confused
terrified	petrified
mischievous	devious
deprived	neglected
fragile	vulnerable
sceptical	dubious
obstinate	obdurate
exhausted	shattered
uncomfortable	ill at ease
bullied	downtrodden
stressed	harassed
spurned	rejected
on top of things (inf)	in control
desperate	in despair
astonished	surprised
jealous	envious
devious	deceitful
bold	brave
assertive	resolute
intelligent	bright
moody	temperamental
intimidating	humiliating
compassionate	full of compassion
grumpy	surly
clever	witty

Heat and Dust · Teacher's Guide ISBN 978-3-12-579841-0

Olivia and Douglas – Analysis

1. The First Dinner

Read **16-21** and underline all the information you can find in this chapter that will help you to work on the following assignments. Use different colours for the different characters.

- Point out how Olivia and Douglas perceive life in the palace.
- Analyse how the two are treated by Harry and the Nawab.
- Point out how they feel about their visit later on and how they talk about the second invitation. Explain their different reactions.

2. Before the Picnic with the Nawab

Read **25-37**. Underline all the information you can find on the following aspects:

- Characterize Douglas' attitude towards Olivia by analysing the way he talks to and about her.
- Characterize Olivia's attitudes towards Joan, Mary and Beth.
- Point out the reasons why Douglas wants Olivia to go to Simla and why Olivia does not want to go.
- Analyse the ways in which the three women (Olivia, Mary and Beth) talk about the Nawab, and explain how their ways of talking reveal their attitudes towards him.

3. Family Plans

Read **75**f., **87-90** and **96-99**. Underline all the information you can find about Olivia and Douglas' attitudes towards having children. Work on the following assignments:

- Point out what Douglas hopes to achieve by having children.
- Point out what Olivia hopes to achieve by having children.
- Explain how the history of Douglas' family influences their expectations and attitudes.
- Explain why their wish to have children develops "about the time of her growing friendship with the Nawab" (**75** 14).

4. The Pregnancy

Read **116-126** and underline all the information you can find on how Olivia, Douglas, the Nawab and Harry react to the news that Olivia is pregnant. Work on the following assignments:

- Point out how the Nawab reacts to Olivia's pregnancy and explain why she tells the Nawab first.
- Point out how Douglas reacts towards Olivia's pregnancy and explain why the question "you'll really do this for me?" (**125**) upsets Olivia.
- Comment on the way the two men treat Olivia and describe Olivia's dilemma.
- Explain why Olivia does not leave Douglas to give birth to her child in the palace.

5. The Abortion

Read **130-132** and **134-139**. Underline all the information you can find about Olivia's feelings and her state of mind.

- Summarize how Dr Saunders treats Olivia when she comes to the hospital and explain why he reacts in this way.
- Explain why Dr Saunders' reaction is so outspoken, whereas nobody else says anything about Olivia's abortion.

Olivia and Douglas – Creative Writing

1. The First Dinner

Read **16-21** and underline all the information you can find for the following assignment. Use different coloured pens for the different characters.

Imagine the following situation:
It is the evening before Douglas sends a note to the palace to decline the invitation (**21**). Douglas and Olivia are having one of their discussions about the Nawab. They talk about:

- Olivia's feelings about her everyday life,
- Douglas' ideas about her role in the household,
- Olivia's perception of the palace and the Nawab,
- Douglas' thoughts on the last visit, his attitude towards their role in the British community and the conventions that have to be followed.

Write this dialogue and pay special attention to how they talk to each another. Characterize the two by their way of talking (e.g. their use of questions, exclamations, long or short sentences, their different ways of expressing their feelings, etc.).

2. Before the Picnic with the Nawab

Read **25-37**. Underline all the information you can find to help you to:

- assess Douglas' attitude towards his wife and her role in the community; and
- describe how Beth Crawford is characterized in this chapter.

"I was talking to Beth today" (**36** 40). Write the conversation that you think Douglas and Beth had about Olivia. Consider the following aspects:

- Douglas' role in the community and what he expects of his wife,
- Douglas' worries and hopes,
- their attitudes towards spending some time in Simla,
- Beth's understanding of the role of an Englishwoman in India,
- Beth's attitude towards Olivia and her arrival in the Indian world,
- Beth's worries and hopes.

Pay special attention to how the two talk to one another. Characterize the two by their way of talking (e.g. their use of questions, exclamations, long or short sentences, their different ways of expressing their feelings, etc.).

3. Family Plans

Read **75**f., **87-90** and **96-99**. Underline all the information you can find about Olivia's and Douglas' attitudes towards having children. Work on the following assignment:

Imagine the following situation:
"She felt fine – entirely untroubled by the heat or the murky atmosphere. It was as if there were a little spring welling up inside her that kept her fresh and gay. Later that morning …" (**99**).
Before Olivia visits Mrs Saunders she walks to the graveyard and sits down at the little white angel. In her mind she talks to this figure about all the hopes and worries that occupy her mind. Write this interior monologue and consider the following aspects:

- her wish to have a baby,
- Douglas' treatment of her and her feelings about his "manliness"(**97**),
- her feelings when she looks at the graves of all the other British people,
- her feelings towards the Nawab and her secret wishes.

Heat and Dust · Teacher's Guide ISBN 978-3-12-579841-0

4. The Pregnancy

Read **116-126** and underline all the information you can find on how Olivia, Douglas, the Nawab and Harry react to the news that Olivia is pregnant. Work on the following assignment:

Imagine the following situation:
After Major Minnies has left the Rivers' household Douglas looks up to the moon and thinks of his wife and of recent months, their hopes and worries and he remembers his last conversation with Beth Crawford before she left for Simla. That's why he sits down to write a letter to her in which he considers the following aspects:

- that evening's dinner,
- his troubles with the Nawab,
- his private life,
- Olivia's pregnancy,
- Beth's ideas about Olivia and her future role in the community.

5. The Abortion

Read **130-132** and **134-139**. Underline all the information you can find about Olivia's feelings and her state of mind.

Imagine the following situation: After about a year in the mountains, Olivia writes a letter to Douglas after the Nawab has told her that Douglas is about to marry Tessie Crawford. Write down at least four aspects that you think Olivia would write about:

- ....
- ....
- ....
- ....

You are Olivia. Write her letter.

Olivia and the Nawab – Analysis

1. The First Dinner

Read **16-21** and underline all the information you can find in this chapter that will help you to work on the following assignments. Use a different coloured pen for each of the different characters.
- Describe how the Nawab treats his guests.
- Analyse his way of talking and his body language.
- Describe how Olivia perceives the Nawab, his appearance, his behaviour, his body language.

2. The Picnic

Read **38-43**. Underline all the information you can find on the following aspects:
- Characterize the Nawab's attitude towards Olivia by analysing how he talks to her.
- Describe Olivia's feelings by analysing her behaviour and how she talks to the Nawab.
- Explain how the environment (the landscape, nature, plants, etc.) influences the communication between Harry, Olivia and the Nawab.

3. The Seduction of Olivia

Read **85-86**, **105-112**. Underline all the information you can find about Olivia's and the Nawab's feelings. Work on the following assignments:
- Find examples of Indian art "of an erotic nature" (**85**) on the internet. How do you feel about them?
- Analyse how the Nawab influences Olivia's feelings in this scene by considering what he talks about and how he talks to her.
- Analyse Olivia's role in this scene by considering how she talks to him.
- Compare Olivia's behaviour towards the Nawab with how she communicates with her husband.

4. The Pregnancy

Read **116-126** and underline all the information you can find on how Olivia, Douglas, the Nawab and Harry react to the news that Olivia is pregnant. Work on the following assignments:
- "As far as he was concerned Douglas had already been dismissed" (**125** 5). Explain why the Nawab thinks so and comment on this attitude.
- Characterize Olivia's feelings for Douglas when he talks about the Nawab to Major Minnies.
- Analyse the function of Harry's story about the chorus girl in this context. Point out if there are any parallels between this story and the stories of Harry and Olivia.

5. The Abortion

Read **130-132** and **134-139**. Underline all the information you can find about Olivia's feelings and her state of mind.
- Summarize how the environment of the Midwife's house is described and explain the function of this description.
- Describe the atmosphere in the midwife's house and how Olivia perceives the Indian women who perform the abortion.
- Describe Olivia's feelings during the abortion and explain why the Begum attends this scene.

Heat and Dust · **Teacher's Guide** ISBN 978-3-12-579841-0

Olivia and the Nawab – Creative Writing

1. The First Dinner
Read **16-21** and underline all the information you can find in this chapter that helps you to assess the Nawab's attitude towards his English visitors.
Imagine the following situation:
It is the evening of the day when Olivia meet the Nawab for the first time. Harry and the Nawab are having a talk about the dinner. They:
- talk about their feelings about having dinner with the British in general,
- talk about Olivia's appearance and of how she talks to Harry and the Nawab,
- talk about their impressions of Olivia and her husband,
- make plans for the future.

2. The Picnic
Read **29-31** and **38-43**. Underline all the information you need to work on the following assignment:
Imagine the following situation:
It is the evening of the day of the picnic. Harry and the Nawab are sitting together talking about their experiences at the picnic. Amongst other things they talk about:
- how Harry and the Nawab felt during the day,
- how the Begum felt the other day when she had invited the British ladies,
- how the two of them perceive Olivia and the other British ladies,
- what they expect of Olivia and her role in the community in the future,
- the Nawab's role in Khatm,
- the question of whether the Begum should invite the ladies again.

3. The Seduction of Olivia
Read **85-86** and **105-112**. Underline all the information you can find about Olivia's and the Nawab's feelings. Work on the following assignment:
Imagine the following situation:
When the Nawab comes home from his secret meeting with Olivia, Harry is waiting for him. The two have a rather heated discussion about:
- how Harry feels about the Nawab's treatment of Olivia,
- Harry's worries,
- the Nawab's ideas about his relationship towards Olivia,
- the Nawab's experiences that day.

4. The Pregnancy
Read **116-126** and underline all the information you can find on how Olivia, Douglas, the Nawab and Harry react to the news that Olivia is pregnant. Work on the following assignment:
While Olivia and Douglas visit the graveyard (**124**), the Nawab has a conversation with Harry. He:
- informs Harry that the Begum knows about Olivia's pregnancy,
- tells him that he wants Olivia to move to the palace,
- talks about his feelings for Olivia and his feelings about Sandy,
- talks about his father and the chorus girl.

Consider how the Begum might have reacted and how Harry might react to these wishes; write the conversation.

5. The Abortion
Read **129-131** and **134-139**. Underline all the information you can find about Olivia's feelings and her state of mind.
When Harry leaves India he leaves a letter for Olivia in which he:
- explains his decision to leave India,
- describes how he feels about Olivia's situation,
- describes his feelings about leaving the Nawab,
- expresses how he feels about Olivia coming to the palace after the abortion,
- comments on Olivia's plan to live in the mountains.

 ISBN 978-3-12-579841-0

Olivia's Letters – Creative Writing

1. The First Dinner

Read **17-22** and underline all the information you can find about Olivia's feelings in the palace and her perceptions of Harry and the Nawab.

Imagine the following situation:
In the morning after the first dinner, Olivia is alone at home, sitting on her sofa thinking. After a while she sits down and writes a letter to her sister Marcia (cf. **7**, **11**, **13**, **20**, **21**, **44**, **62**, **80**, **81**, **88**, **143**). Amongst other things, she writes about:

- what she saw in the palace and how she feels in this new world;
- the Nawab, his appearance, behaviour and his role at the dinner table;
- Harry and her feelings towards him, commenting on his (Harry's) perception of Douglas;
- her feelings about visiting this Indian world and her wishes for the future.

You are Olivia. Write her letter.

2. The Picnic

Read **28-43**. Underline all the information you need to work on the following assignment:

"It is from this time on that Olivia's letters to Marcia really begin. She had been writing to her before that, but infrequently and not in great detail: and it is only from the day of the Nawab's picnic that she began to write as if it were a relief to have someone to confide in." (**43**).
Instead of talking to Douglas about the picnic, she writes "the first of her long letters to Marcia" (**43**). Imagine that you are Olivia and write this letter. Describe your:

- feelings and ideas about Douglas and his role in the community;
- thoughts about your husband "talking about his work" (**43**) all the time;
- feelings about the Nawab and how he treats you at the picnic;
- feelings about not telling Douglas about this meeting;
- hopes and wishes for the future.

3. The Seduction of Olivia

Read **86** and **106-112**. Underline all the information you can find about Olivia's and the Nawab's feelings. Work on the following assignment:

Imagine the following situation: After she returns from her secret meeting with the Nawab, Olivia writes a letter to Marcia. Among other things she considers:

- her experiences with Harry that day;
- Harry's worries;
- being alone with the Nawab and meeting the dacoits;
- the Nawab's way of talking to her;
- the Nawab's stories about his ancestors;
- her feelings for the Nawab;
- her hopes and worries.

Heat and Dust · **Teacher's Guide** ISBN 978-3-12-579841-0

4. The Pregnancy

Read **116-126** and underline all the information you can find on how Olivia, Douglas, the Nawab and Harry react to the news that Olivia is pregnant and work on the following assignment:

Imagine the following situation:
Coming back from the graveyard (**126**) Olivia writes a letter to Marcia in which she tries to come to terms with her dilemma. Amongst other things, she describes:

- how Douglas and the Nawab used the same words to comment on her pregnancy and how she feels about this,
- the different options of how to live her future life,
- her feelings towards Douglas, the Nawab and her unborn child,
- the story of the chorus girl and comments on it to her sister.

5. The Abortion

Read **130-132** and **134-139**. Underline all the information you can find about Olivia's feelings and her state of mind.

Imagine the following situation: Having been in the palace for three weeks, Olivia writes her last personal letter to Marcia in which she -

- informs Marcia about her decision,
- tries to explain why she decided to have an abortion,
- describes her feelings about the abortion,
- explains why she went to the palace and does not want to leave India,
- considers living in the mountains.

Heat and Dust · Teacher's Guide ISBN 978-3-12-579841-0

The relationships in 1923 – Summary – Analysis – Comment

1. In your group work out a frozen picture (or mind map) that portrays Olivia's relationships towards Douglas, the Nawab, Harry and the Begum at the beginning of the novel.
2. In your group work out a frozen picture (or mind map) that portrays Olivia's relationships towards Douglas, the Nawab, Harry and the Begum at the end of the novel.
3. In order to prepare the written assignment on Olivia and her relationships in 1923, work with the following cluster to sum up and organize your ideas.

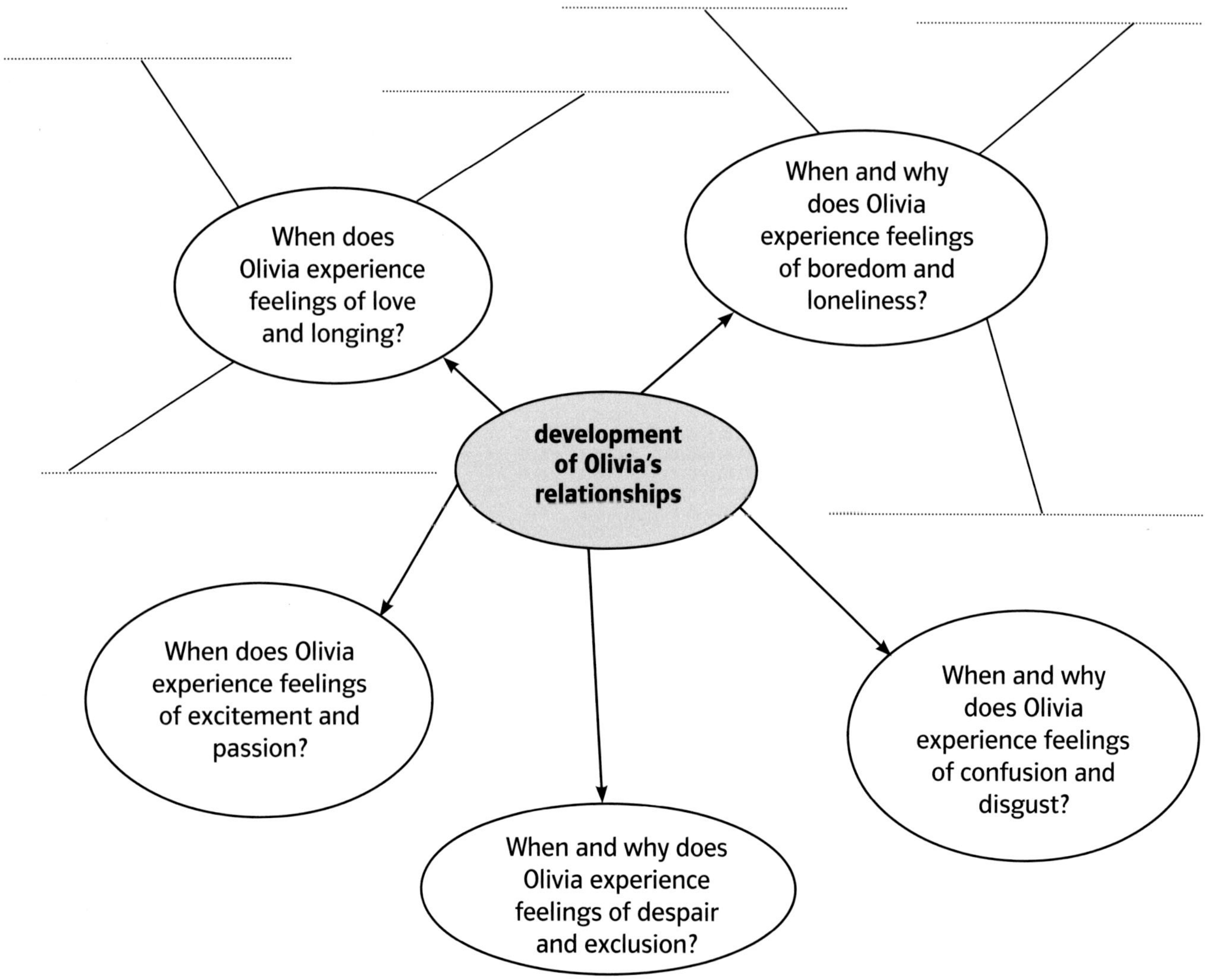

Written assignment:

1. Point out how the relationships between firstly Olivia and Douglas, and secondly between Olivia and the Nawab develop in the course of the novel.
2. Analyse the development of Olivia's feelings towards the two men. Do not forget to give evidence from the text.
3. Point out and compare / contrast what the two men expect from Olivia.
4. Comment on Olivia's decision to have an abortion and live a secluded life in the mountains.

Heat and Dust · Teacher's Guide ISBN 978-3-12-579841-0

How to Write an Interior Monologue

In interior monologues, characters are usually alone or withdrawn from a certain situation and think thoughts to themselves. They might just let their thoughts and minds wander ("stream of consciousness"), they might explore different aspects of a problem or analyse feelings or experiences and look for solutions to a problem. All kinds of thoughts come crowding into their minds, one thought triggers another. At the end of the monologue a character often makes a decision. However, the characters might be forced to break off their monologue because of an interruption or because they cannot find a solution. Interior monologues help readers to understand what is going on in characters' minds even when they are not saying their personal thoughts out loud.

The Narrative Bricks of an Interior Monologue

Words

Characters usually use emotional words that reveal their feelings. They produce a particular atmosphere, for example of longing or satisfaction, hope or fear, disappointment or happiness, doubt or conviction.

Images

Interior monologues often contain images as these can help characters to express their feelings better and describe an atmosphere more exactly (cf. the images of heat and dust, the angel, the squirrel in the novel). These images can also adopt the role of an addressee, so that the character speaks to them using the pronoun "you" to address the imaginary partner (or him/herself).

Sentences

In an interior monologue, the length of a sentence can help to show what a character is feeling. They often start out with short sentences, and as the characters think more deeply about their problems, sentences can get longer. When characters make up their minds, they often return to short sentences to express a solution or a decision.
In such situations, characters often ask themselves questions. Some characters might leave some of the questions open; others might answer directly or explore them in greater detail.
If characters are able to think their problems through, their minds move from point to point, new thoughts arise constantly. Hypotactic sentences, i.e. sentences containing two or more clauses, help to express the train of thought, with each clause showing a new aspect of the character's feelings.
If the characters are, however, really desperate or very upset, they might not be able to think in such an elaborate way, so they might rather use paratactic sentences, questions, exclamations and uncompleted sentences.

Possible Starting Points

First of all, try to put yourself into the situation of your character. What are your thoughts and feelings about the problem you are facing? It might help to use a mind map to organize your thoughts or to start by brainstorming.
It often helps to begin with a question *(Did I …? Was my answer / my reply …? Why did he …?)*, using short sentences first and then longer ones to explore different thoughts that occur to you. Use different conjunctions to link your thoughts *(If …, then …, but …, or …, whenever …, and …, because …, however …, but …)*. If you finish with a decision indicate this *(So … Now …)*.

Helpful Phrases for Your Dialogue(s)

expressing interest	encouraging by agreeing	expressing sympathy	expressing admiration / appreciation	expressing enthusiasm	expressing surprise	expressing doubt
Oh, *that's* interesting!	(dead) right.	Yes, that's not easy.	Excellent!	Fantastic!	Really?	Is that so?
(Oh) really?	Definitely!	I know what it's like.	Not bad at all!	Great!	What did you say?!	Really?
And then what happened?	Yeah. I agree (with you) there.	Oh, I can imagine.	Well done!	Super!	That's incredible!	(Are you) sure?
Tell me all about it.	Quite right.	I can very well understand that.	(Wow), that's brilliant!	Amazing! That's really amazing!	Would you believe it!	Well, are you really / quite sure about that?
I see. Go on.	(That's) quite true.	I'm sorry to hear that.	You've made a great job of that.	I got really carried away by...	I can't believe it.	Well, I find that hard to believe...
You are making me really	Absolutely!	I know how you feel.	I'm full of admiration.	That's marvellous news!	You don't say!	Do you really think so?
Do you? / Did you?	Exactly.	Never mind!	What an achievement!	Brilliant! / Terrific!	Is it possible?	Hmmmm Well
Have you?	Of course!	Oh, that's a pity / shame!	You really deserve it.		That can't be true.	I'm not sure whether...
Were you? Was it?	I can't blame you.	What a nuisance!	That was very impressive!		That's really something!	Well, whatever!
I've always been interested in...	You've (certainly) got a point there!	Yeah, it's awful when that happens, isn't it?	That's really something!		I wouldn't have reckoned on that at all!	
You're joking!	Right.	I'm sure it'll all turn out well / OK in the end!	I really enjoyed that.		I' m flabbergasted!	

Heat and Dust · Teacher's Guide ISBN 978-3-12-579841-0

How to agree	How to disagree	How to convince/persuade sb
Yes / Well, I think so too.	No, I don't think so.	I believe / think, you should / ought to…
I agree entirely / totally.	I don't quite agree with you there.	If I were you, I would...
Good idea / point!	I see it differently…	If you ask me you should...
Exactly / Precisely!	I have to contradict you there.	I can highly recommend...
Me too! / So do I!	I've got some reservations as far as ……. is concerned. ..	Believe me, trust me...
Nor me! / Neither do I!	That doesn't fit the facts.	I'm absolutely certain that...
I think, you're / he is absolutely right there.	I'm not really convinced.	And therefore, …-
Yes, that's exactly my view too.	Yes, I see your point, but...	Of course...
That's exactly how I see it.	That's all very well but...	There is no doubt that...
That's right!	You may well be right, but consider too...	Come on, ...
I completely / absolutely agree with you.	You've forgotten that...	Don't you too think/find..
I couldn't agree more with you there.	I've got several objections to that.	I can assure you that...
I'm right behind you on that.	I cannot approve of that.	It's quite clear that...
I have no objection to that.	You can't see it like that.	There's no doubt that…
	That's not acceptable at all.	That's something I know a great deal about.
	You're completely wrong about that.	I am absolutely certain...
	Certainly not!	I am firmly convinced that...
	Nonsense! / Rubbish! *(strong)*	I don't doubt…
	Oh, come on, …	

The Narrator and Inder Lal – Analysis

1. On Arrival

Read **6-16** and underline all the information you need to work on the following assignment:

1. Describe the narrator's first impressions of everyday life in India.
2. Characterize Inder Lal's attitude and behaviour towards the narrator.
3. Analyse how the narrator sees the palace and compare this to Olivia's first impressions of this same place.

2. Making Friends

Read **43-49** and underline all the information you need to work on the following assignment:

1. Describe how the narrator perceives the environment.
2. Sum up the story of Inder Lal's arranged marriage.
3. Characterize the role of Inder Lal's mother in the household and in her community.
4. Analyse how the narrator's perception of Inder Lal has changed and explain what has changed about his attitude towards her.
5. Comment on the public life of the two generations of women the narrator meets in Satipur.

3. Ritu's Illness

Read **67-72** and underline all the information you need to work on the following assignment:

1. Sum up the different diseases and illnesses the narrator is confronted with in Satipur.
2. Describe Ritu's behaviour and characterize her state of mind.
3. Point out how the narrator, Inder Lal, Chid and Maji perceive Ritu and her state of mind and explain how they try to help her.
4. Comment on the different attitudes towards Ritu's illness.

4. The Seduction of Inder Lal

Read **57-59** and **102-105** and underline all the information you need in order to work with the following assignment.

1. Sum up how the heat influences the narrator's everyday life "shortly before the monsoon".
2. Contrast the atmosphere at Baba Firdaus' grove on Husband's Wedding Day (14th April) to the atmosphere there on June 20th.
3. Analyse how the narrator perceives and portrays Inder Lal's thoughts and feelings.
4. "I could see – it was ludicrous! – how everything he had heard about Western women rushed about in his head" (**105** 23ff.). Discuss what pictures and ideas Inder Lal might have in mind.

5. The Pregnancy

Read **112-116** and underline all the information you need in order to work with the following assignment.

1. Point out the narrator's reactions to her pregnancy.
2. Analyse how the narrator characterizes Chid and Inder Lal in her journal on August 15th.
3. Comment on their visit to the graveyard and on the narrator's description of the Indian angel.
4. Comment on the narrator's decision not to tell Inder Lal of her pregnancy.
5. When the narrator characterizes Inder Lal as being a good husband and father she describes his reaction as being "odd" (**116** 3). Comment on this perception.

Heat and Dust · **Teacher's Guide** ISBN 978-3-12-579841-0

6. The Midwife

Read, **48**f., **70**f., **112**f.; **132-134** and underline all the information you need in order to work on the following assignment.

1. Reconstruct Maji's biography and write a short portrayal of this woman (for instance: "The Holy Woman" - "A midwife's story", etc.).
2. Characterize the relationship between the narrator and Maji.
3. Comment on the ways Maji leads the young woman through the early stages of her pregnancy.
4. Discuss why the narrator decides to give birth to her child.

7. Leaving Satipur

Read **130**; **140**f., **144**ff. and underline all the information you need in order to work with the following assignment.

1. Sum up the comments on and the questions about Olivia that the narrator writes down shortly before she leaves Satipur and when she arrives in the mountains.
2. Analyse how the narrator describes Olivia's house in the mountains and explain what being there means to her.
3. Comment on the fact that Olivia's ashes were scattered in the mountains in the 1950s and that the army is about to requisition the house now.

Heat and Dust · **Teacher's Guide** ISBN 978-3-12-579841-0

The Narrator and Inder Lal – Creative Writing

1. On Arrival

" 'We're beginning to look slightly civilised (…) Mrs. Crawford (Collector's wife – *the Burra Memsahib*) came to inspect me today in my nest. I don't think she thinks much of me or the nest but she's ever so tactful! She told me she knows how difficult the first year always is and that if there is any little thing she could possibly do to ease things for me, well I must just consider her to be always *there*. I said thank you (demurely). Actually, her being there is the only difficult thing – otherwise everything is just *too perfect*! If only I could have told her that.' " (**11** 6ff.)

Choose **one** of the following tasks:

1. In addition to keeping a journal, the narrator regularly writes home. Consider who she might write to: Harry, her mother, her sister, a friend, a newspaper or magazine, …
   In the evening of February 24th the narrator writes her first letter home. Decide who she writes it to, then write the letter, in which you consider the following aspects:
   - European tourists in Bombay;
   - Inder Lal and his family and their behaviour towards her;
   - her impressions about everyday life in Satipur, Khatm and the palace;
   - the remains of colonial India.

   You are the narrator. Write the letter.

2. When Ms Rivers moves into his house, Inder Lal appreciates the constant opportunity of being able to speak English (cf. **44** 25), and decides to start keeping a diary in English.
   On the evening of February 24th Inder Lal writes his first entry in which he comments and reflects on the following aspects and experiences:
   - Ms Rivers' appearance and her way of decorating her room in his house;
   - Ms Rivers' opinion of the *hijras*;
   - Ms Rivers' visit to the palace;
   - Ms Rivers and her way of communicating with Ritu and his mother.

   You are Inder Lal. Write his entry.

2. Making Friends

Read **43-49** and underline all the information you need to work on the following assignment.

Choose **one** of the tasks:

1. In addition to keeping a journal, the narrator regularly writes home. Consider who she might write to today: Harry, her mother, her sister, a friend, a newspaper or magazine, … .
   In the evening of March 20th the narrator writes a letter home. Decide who she writes to, then write the letter, in which you consider the following aspects:
   - what sleeping in a "communal dormitory" (**46** 22) means to her;
   - what the experience of "a sense of communion" means to her;
   - how she compares her life in London to her life in Satipur;
   - how she describes her impressions of the roles of Ritu, Ritu's mother and Maji in the community.

   You are the narrator, write the letter.

2. When Ms Rivers moves into his house, Inder Lal appreciates the constant opportunity of being able to speak English (cf. **44** 25), and decides to start keeping a diary in English.
   Late at night on March 8th Inder Lal hears the "high-pitched wail" (**47** 7) of his wife and listens to the two women taking care of her. In his diary he compares his wife to the Englishwoman staying in his house and considers the following aspects:
   - he tries to express how he feels during nights like this when he hears his wife cry out;
   - he thinks back to the early days of their arranged marriage;
   - he thinks about his mother's role and the choices she makes (for him);
   - he ponders over his relationship to the narrator;
   - he considers how he used to think about the English people or tourists he had met before.

You are Inder Lal. Write his entry.

Heat and Dust · **Teacher's Guide** ISBN 978-3-12-579841-0

3. Ritu's Illness

Read **53-57** and **67-72** and underline all the information you need to work on the following assignment:

1. In addition to keeping a journal, the narrator regularly writes home. Consider who she might write to today: Harry, her mother, her sister, a friend, a newspaper or magazine.
   In the evening of May 2nd the narrator writes a letter home. Decide who she writes to, then write the letter, in which you consider the following aspects:
   - what being confronted with the different diseases means to her;
   - what the experience of sharing a house with Ritu does to her;
   - what she believes is wrong with Ritu;
   - what she believes should be done and whether she understands why it is not being done her way;
   - how she perceives Inder Lal and his attitude towards Ritu's illness.

   You are the narrator. Write the letter.

2. When Ms Rivers moves into his house Inder Lal appreciates the constant opportunity of being able to speak English (cf. **44** 25), and decides to start keeping a diary in English.
Late at night on May 2nd Inder Lal thinks about his conversation with Ms Rivers. In his diary he compares the ideas of the English woman to the customs he is used to:
   - he tries to express how he feels;
   - he thinks about the narrator's ideas;
   - he contemplates the roles of his mother and Maji and their choices;
   - he considers the idea of the pilgrimage and the fact that his house will be quite empty.

You are Inder Lal. Write his entry.

4. The Seduction of Inder Lal

Read **57-59** and **102-105** and underline all the information you need in order to work on the following assignment.

When Ms Rivers moves into his house Inder Lal appreciates the constant opportunity of being able to speak English (cf. **44** 25), and decides to start keeping a diary in English.
Late at night on June 20th Inder Lal thinks about his day with Ms Rivers. In his diary
- he tries to express how he feels;
- he describes how the heat affects his everyday life;
- he describes how the two joked about their wishes and how he felt when Ms Rivers knew that he was worrying about work;
- he contemplates his constant bouts of depression;
- he describes how Ms Rivers seduced him and what he thought about this initially;
- he writes down everything he had heard about western women and what these images did to him when she seduced him;
- he refers to the original Husband's Wedding Day;
- he thinks about his mother and his wife.

You are Inder Lal. Write his diary entry.

5. The Pregnancy

Read **112-116** and underline all the information you need in order to work on the following assignment.
When Ms Rivers moves into his house Inder Lal appreciates the constant opportunity of being able to speak English (cf. **44** 25). That's why he starts his English diary.
Late at night on August 15th Inder Lal thinks about his visit to the graveyard. In his diary
- he tries to express how he felt being there;
- he describes the scenery as he remembers it;
- he describes what he remembers of the conversation between the two of them;
- he thinks of the mutilated marble angel;
- and he thinks of his role as a husband and father and how / if Ms Rivers has changed his life.

You are Inder Lal. Write his entry.

Heat and Dust · Teacher's Guide ISBN 978-3-12-579841-0

6. The Midwife

"I wondered about her mother and grandmother – they might have been the women who had attended Olivia! It was possible." (**113** 24ff.).

Write an entry for August 16th, the day on which the narrator visits Maji. The woman tells her about her childhood when her mother and grandmother, who used to be midwives in the 1920s, looked after the family. She tells the narrator about the secret story when the children had to stay outside one night after a horrible monsoon storm and when a white lady in a *burqa* and the Begum came to their house …
You are the narrator. Write down Maji's childhood memories into your journal and comment on them. Keep in mind that Maji was a child when the things happened and that she is a wise woman now who is looking back because she was reminded of these experiences when she got to know Ms Rivers. Consider what she thinks of the narrator and how she treats her when she tells her story.

7. Leaving Satipur

Read **130**, **140**f. **144**ff. and underline all the information you need in order to work with the following assignment.
When she leaves Satipur, the narrator takes two letters to the post office: one for Inder Lal and one for Harry, in which she

- explains why she is leaving the town and where she wants to go to;
- sums up what staying with Inder Lal and his family meant to her;
- expresses how her ideas about India have changed;
- comments on Olivia's story;
- expresses her desires for the future.

You are the narrator. Choose which letter you want to write and think carefully what is said and what is left unsaid.

Heat and Dust · Teacher's Guide ISBN 978-3-12-579841-0

The Narrator and Chid – Analysis

1. The First Meeting

Read **21-25** and underline all the information you need to work on the following assignment:

1. Describe Chid's appearance and sum up his stay in India before he meets the narrator.
2. Point out how Indian people have treated Chid on his journey.
3. Analyse how the narrator characterizes the young ascetic and how she expresses her attitude towards him and his life.

2. Sharing Her New Home with a White *Sadhu*

Read **53-57** and **67-72** and underline all the information you need to work on the following assignment:

1. Contrast the reactions of Inder Lal and the narrator towards Chid, his 'Hindu education' and his conversion.
2. Analyse the narrator's way of describing and commenting on Chid's behaviour.
3. Point out how the climate affects the narrator's state of mind and her feelings.
4. Comment on the sexual relationship that Chid and the narrator have.

3. Chid's Return from the Mountains

Read **79**f. and **114**f., and underline all the information you need to work on the following assignment.

1. Sum up what Chid's letters are all about.
2. Characterize Chid's state of physical health and his state of mind when he comes back.
3. Discuss what might have happened to Chid in the mountains.

4. Dr Gopal and his Attitudes to Westerners in India

Read **92** 23f. and **129** and underline all the information you need to work on the following assignment.

1. Analyse how the narrator describes her surroundings and everyday life in the hospital in Satipur.
2. Characterize Dr Gopal's attitude towards Westerners in India and describe his "strictures" (**129** 34) in your own words.
3. Comment on his state of mind and on his attitudes and explain the narrator's reaction to them.

5. Chid's Return Home

"When I told Maji that I was leaving Satipur, she asked 'Like Chid?' Chid's departure back to England had amused her as everything else about him had always amused her. 'Poor boy,' she said. 'He had to run away.' Her broad shoulders shook with laughter" (**140** 1ff.).

Discuss what Chid might have been running away from.

Heat and Dust · Teacher's Guide ISBN 978-3-12-579841-0

The Narrator and Chid – Creative Writing

1. The First Meeting

Read **21-25** and underline all the information you need to work on the following assignment:

Choose one of the tasks:

1. In addition to her journal the narrator regularly writes letters home. Consider who she might be writing to today: Harry, her mother, her sister, a friend, a newspaper or magazine...
   In the evening of February 28th the narrator writes a letter home. Decide who she writes to, then write the letter in which you consider the following aspects:
   - how she felt when she visited the Saunders' bungalow;
   - how she feels about Chid's appearance and story;
   - what she thinks about the young people, their expectations and their experiences in India;
   - what she thinks about the guru who came to London and about the one who taught Chid.

   You are the narrator. Write the letter.

2. Sketch out Chid's journey with the help of a map (choose a temple in the South as a starting point and work out a route to Amarnath in Kashmir). Choose one of the places Chid visits, with the help of the internet find some information about that place and write one of his letters home (**24** 17), in which he writes about his experiences and asks for money so that his journey can continue.

2. Sharing Her New Home with a White *Sadhu*

Read **53-57** and **67-72** and underline all the information you need to work on the following assignment:

Choose one of the tasks:

1. Chid writes a letter home in which he describes and comments on his new home and the way the Indian people treat him in Inder Lal's house and in the community. He also talks about Ms Rivers' attitudes toward him and about his feelings for her.
   Consider carefully who Chid might write to. You are Chid. Write his letter.

2. When Ms Rivers moves into his house, Inder Lal appreciates the constant opportunity of being able to speak English (cf. **44** 25), and decides to start a diary in English.
   On the evening of April 10th Inder Lal writes a new entry in which he comments and reflects on the following aspects and experiences:
   - the fact that a white sadhu is living in his house;
   - he describes Chid, his beliefs and his behaviour;
   - he explains why he enjoys talking to him;
   - he describes how he perceives the relationship between Ms Rivers and Chid.

   You are Inder Lal. Write his entry.

3. Chid's Return from the Mountains

Read **79**f. and **114**f. and underline all the information you need to work with the following assignment.

On August 27th Chid writes a letter to his mother in which he asks her for money to return to England. You are Chid. Write this letter and refer to the following aspects:
- why you came to India in the first place;
- why you want to go home;
- what happened in the mountains;
- how you view your time in hospital;
- what you think about the relationship between Inder Lal and the narrator.

Heat and Dust · Teacher's Guide ISBN 978-3-12-579841-0

The Relationships in 1970s – Summary – Analysis – Comment

1. In your group work out a frozen picture (or mind map) that portrays the narrator's relationships with Inder Lal, Chid, and Maji at the beginning of the novel.
2. In your group work out a frozen picture (or mind map) that portrays the narrator's relationships with Inder Lal, Chid, and Maji at the end of the novel.
3. In order to prepare the written assignment on the narrator and her relationships in the 1970s work with the following cluster to sum up and organize your ideas.

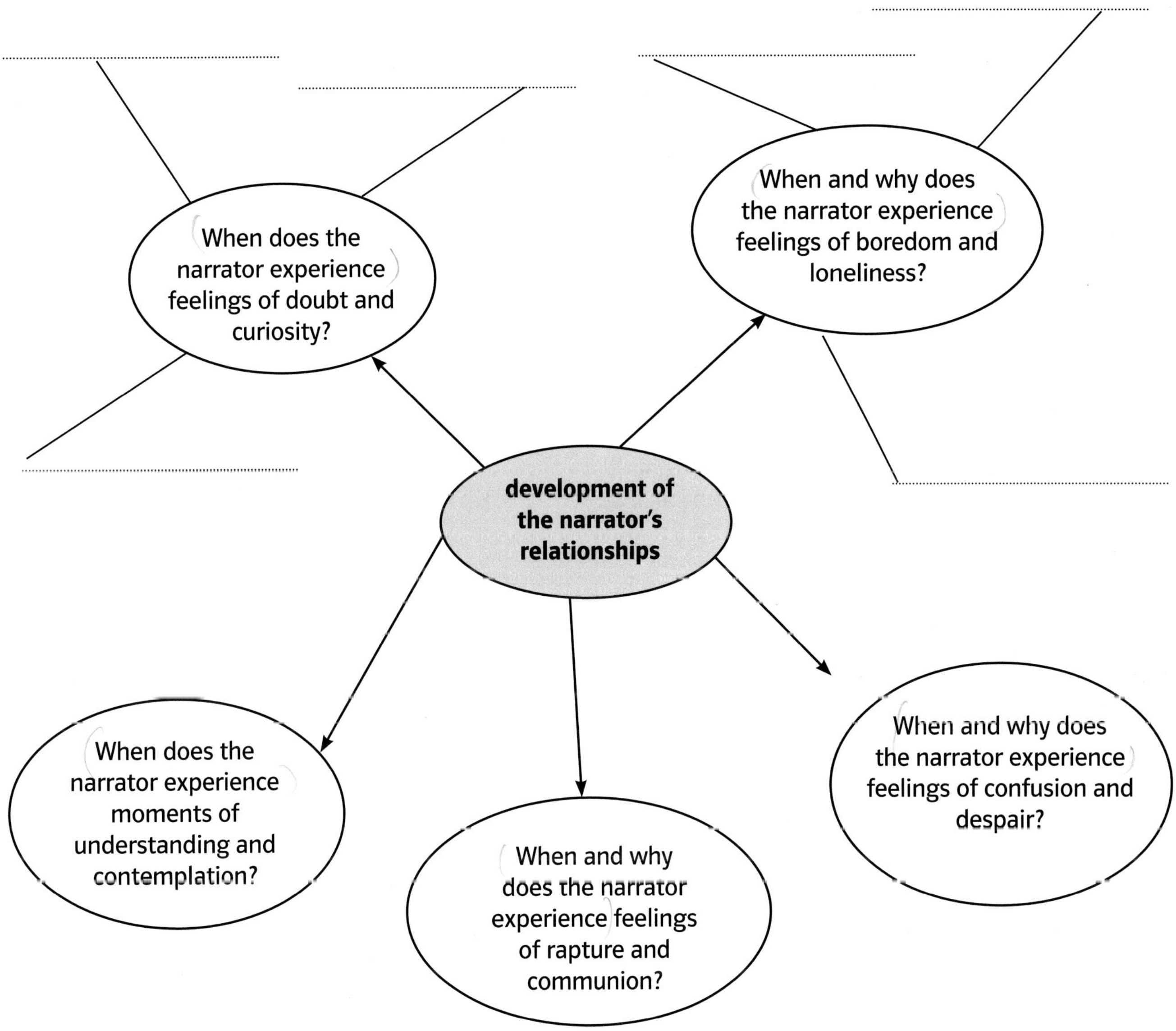

Written assignment:

1. Describe how the narrator's relationships with Inder Lal and Chid develop during the novel.
2. Analyse the development of the narrator's feelings towards Inder Lal and her pregnancy. Do not forget to give evidence from the text.
3. Describe and compare what the two men expect from the narrator.
4. Comment on the narrator's decision to have her child and leave Satipur without telling Chid or Inder Lal of her pregnancy.

Heat and Dust · Teacher's Guide ISBN 978-3-12-579841-0

Past and Present - Olivia and the Narrator

1. Comparing herself with Olivia

"It would have been easier for him if I had been like Olivia. She was everything I'm not." (**11** 3ff.)

1. Explain what you think Inder Lal's expectations of an English woman originally were.
2. Discuss the narrator's assessment: "She was everything I'm not."
3. Discuss what the narrator means when she says that things would have been easier for Inder Lal if she had been like Olivia. Comment on this idea.

2. The Role of Heat and Dust for the Two Women

Look at the following pages and find the passages that refer to the climate, especially to the "heat" and the "dust": **14-16**; **59-64**; **67-74**; **76**; **81**; **85f.**; **90**; **95-99**; **102**; **105-109**; **119**f.; **124**f.; **130**f.; **133**f.

1. Point out how the weather changes in the course of the novel.
2. Analyse the contexts in which the narrator and / or Olivia refer to the heat and to the dust.
3. Compare how the heat and the dust influence the states of mind and feelings of the two women.
4. Discuss to what extent the heat and the dust influence the relationships of the two women towards the men in their lives, and comment on their perceptions of the climate.

3. The Narrator and Olivia's Letters

Every now and then the narrator says in her journal that she "is working" on Olivia's letter. Read the following pages carefully and underline sentences in which the narrator comments or speculates on Olivia's life, behaviour, feelings or thoughts: **19**f.; **32-34**; **50-53**; **59-63**; **75-79**; **87-90**; **96-98**; **119**f.

1. Analyse some of the situations in which the narrator speculates or comments on Olivia's behaviour. When does Olivia's story come into her mind?
2. Discuss what "working on" Olivia's letters means (to the narrator).
3. Discuss the fact that the plot that takes place in the modern world seems to "foreshadow" the events in 1923. Consider how this narrative perspective affects the reader.

4. The Effect of India on Olivia and the Narrator

"They are no longer the same because I myself am no longer the same. India always changes people, and I have been no exception. But this is not my story, it is Olivia's as far as I can follow it."(**7** 6ff.)

1. Compare the two different Indian worlds that Olivia and the narrator live in.
2. Explain in what ways India has changed both Olivia and the narrator.
3. Comment on the sentence: "This is not my story."

5. The Narrator's Characterization of Olivia

"I still don't think there was anything very special about Olivia; I mean, that she started off with any very special qualities. When she first came here, she may really have been what she seemed; a pretty young woman, rather vain, pleasure-seeking, a little petulant. Yet to have done what she did – and then to have stuck to it all her life long – she couldn't have remained the same person she had been." (**130** 10ff.)

1. Describe how the narrator characterizes Olivia in this passage.
2. Analyse the narrator's attitude towards Olivia at this moment in her life and discuss the question of whether she has changed her attitude towards Olivia in the course of her own story.
3. Comment on the narrator's characterization of Olivia and take the characterizations of other people who know about Olivia's story into consideration.

Heat and Dust · Teacher's Guide ISBN 978-3-12-579841-0

A Look into a Possible Future – About 35 Years Later – 15th August 2007

Decide and sketch out below how the characters' lives might have changed in 30 years, how they might have lived with the stories and the secrets of the past and where they might be.

Ms Rivers	
her child	
Inder Lal	
Ritu	
their children	
Inder Lal's mother and Maji	
Chid	
Karim	
Kitty	

Heat and Dust · Teacher's Guide ISBN 978-3-12-579841-0

What Travelling is All About

Assignment:
Journeys always provide opportunities for people to extend and challenge themselves physically, emotionally and intellectually. Write an essay with the title "(*Character's name*) and the concept of travelling in R. Prawer Jhabvala's *Heat and Dust*" that discusses these ideas.
Choose one character from the novel and explain what travelling means and does to him or her. Start by choosing a quotation from the novel and one from the boxes below. Both quotes should illustrate his or her attitude towards travel.

Douglas	**Olivia**	**Harry**	**Major Minnies**
Beth Crawford	**Dr Saunders**	**Mrs Saunders**	**the narrator**
Chid	**the Nawab**	**Kitty**	**Karim**

What is travelling all about?

"Whoever lives sees much. Who travels sees more."
Arabic Proverb

"When overseas you learn more about your own country than you do about the place you're visiting."
Clint Borgon

"Don't listen to what they say. Go and see."
Chinese Proverb

"If you're not willing to be changed by a place, there's no point in going."
Ben Okri

"I had seen a little and knew a lot. Now I've seen a little more and know a lot less."
Micah MacAllen

"Don't tell me how educated you are, tell me how much you traveled."
Mohammed

"How can I ever know whether or not I'm really happy here unless I go somewhere else?"
Cynthia Rich

"When you get there, there isn't any there there."
Gertrude Stein

"Tourists don't know where they've been, travelers don't know where they're going. Travel is glamorous only in retrospect."
Paul Theroux

"Traveling is fatal to prejudice, bigotry, and narrow-mindedness."
Mark Twain

"Peculiar travel suggestions are dancing lessons from God."
Kurt Vonnegut

"There are always, in each of us, these two: the one who stays, the one who goes away."
Eleanor Wilner

"As a woman I have no country. As a woman I want no country. As a woman my country is the whole world."
Virginia Woolf

Heat and Dust · Teacher's Guide ISBN 978-3-12-579841-0

Simla as a Travel Destination

Marketing Simla

Imagine that you are spending your gap year at a school in Simla. You have the chance to work for a while in a local tourist office, and, being short of money, you accept. Today you are asked to write an advert or webpage which will sell Simla as a tourist destination for Europeans travelling through India at the beginning of the 21st century. Use the picture, what you know about Simla from *Heat and Dust*, and information from the internet to help you. Think about:

- the type of tourists you are trying to appeal to,
- what Simla has to offer to them, and what could make Simla special to them,
- how to include a slogan to market Simla.

 ISBN 978-3-12-579841-0

The British and the Indian Rulers

1. Surf the internet and find a picture that portrays the relationship between British civil servants and Indian rulers during the British Raj.
2. Describe what your photo and the texts below reveal about the social standing of independent Indian rulers during the British Raj.
3. Compare these portrayals (in the photo and the text) to the way the Nawab is treated by the British civil servants.
4. Comment on Major Minnies' account of his dealings with the Maharaja of Dhung (78).

Your picture

The author, William Archer, describes the renowned Yacht Club of Bombay, which constituted the elite centre of the European social life in Bombay:

"No one of Indian birth except the servants, not even the Rajput princes or the Parsee millionaire may set foot across its threshold. It is the same with the Byculla Club; indeed, every club in India practically follows this model and makes itself a little England representing exactly the interests, the comforts and the vulgarities of an English Club.
Such a drawing of the colour line is of course inexpressibly galling to a proud and sensitive people, who see their rulers, when the business of "running the country is over, withdraw into impregnable caste-strongholds."
From: Mr. William Archer, Fortnightly Review, July, 1914

"Socializing with Indian princes was a high point of life in India according to many recollections. Connections to this world of royalty could validate British status."

"The following is declared an actual occurrence: An Indian Prince, the ruler of a Native State in India, visits England and by invitation dines with the King in the Buckingham Palace. He returns to India and finds himself not allowed to enter any English Club in Calcutta, Bombay, or any other leading city."
from: India in Bondage: Her Right to Freedom - By Rev. Jabez T. Sunderland

"I feel (...) that it is impossible for us, with our limited means, to attempt to educate the body of the people. We must at present do our best to form a class who may be interpreters between us and the millions whom we govern; a class of persons, Indian in blood and colour, but Engish in taste, in opinions, in morals, and in intellect."

From: Thomas Babington Macaulay, Minute on Indian Education". 2 February 1835

Heat and Dust · Teacher's Guide ISBN 978-3-12-579841-0

The British and their Indian Servants

Read the excerpts below from interviews with *Major-General William Odling* and *Fergus Innes* about life in the British residential areas. Then read the passages from *Heat and Dust* about Mrs Saunders (**26** 38 - **28** 11), and Mrs Crawford and Mrs Minnies (**28** 12 - **32** 18).

1. Summarize how the British women in *Heat and Dust* cope with life in India and compare their way of life with the portrayals by *Major-General William Odling* and *Fergus Innes.*
2. Analyse Mrs.Saunders' attitude towards her servants and explain why she is so irritated.

"These bungalows in nearly all those Indian stations were very similar. Very thick walls, very deep verandah all around, with usually two big rooms in the centre – one a sitting room and one a dining room – very big rooms indeed. And a room at every corner was a bedroom. The bedrooms had a bathroom, which was really a sort of annex. Of course there's no water laid on. And you'd have what we called a thunderbox. It was just a bucket inside a seat which you squatted on. Now when you had a bath you had to give a little bit of notice, because they had to boil enough water in kerosene tins which held two gallons, I think. You had a couple of those boiled up, and this was done by the *bhisti*, who was the water carrier. He'd get the water out of the well and he'd boil it up on some sticks, some cow dung, and put it in your bath when you wanted it. And your thunderbox was emptied of course by the sweeper, because he was untouchable, and nobody else would be near it. And that was all there was in the bathroom."
Major-General William Odling

"You got quite a number, especially among the women I would say, who never were happy in India. If you went out there with an open mind, what scope you had. If you only took interest in birds, for example, you had wonderful opportunities. But some people went out with suburban minds, closed to everything except the little life of the station. The average man always settled down better because he had a job to do, and mostly the women didn't. And they missed their kind of social life. They used to let the Indian servants get on their nerves. After all there was a certain amount of speculation and fudging of accounts, and it bothered them, I suppose, and they used to get very irritable. We all got irritable, of course, with the Indian, I'm afraid, from time to time, but on the whole we got on very well with them. You'd have thought that any *memsahib* going out there would have been very happy to have so many competent servants. Bit of a nuisance having to keep so many, you had to pay them all, but one man wouldn't do another man's job, so you had to have about seven. You had your *bearer*, your *khitmagar*, your *dhobi*, your *sweeper*, your *mali*, your *syce*, then an *ayah* for your children.

Most of the men went out and they found the job fascinating. It's a fascinating country to work in. There were quite a number of the memsahibs who never really became anything other than English housewives in the wrong place. But a lot of them did.
Fergus Innes

Glossary of Indian Servants

bearer	head servant
khitmagar	servant
dhobi	servant who does the washing
sweeper	servant who empties and cleans toilets
mali	gardener
syce	servant who looks after horses
ayah	nanny

Heat and Dust · Teacher's Guide ISBN 978-3-12-579841-0

Europeans in India in 1923

"And not only did they keep completely cool, but they even had that little smile of tolerance, of affection, even enjoyment that Olivia was beginning to know well: like good parents, they all loved India whatever mischief she might be up to." (**51** 23ff.)

Comment on this attitude of colonial power towards the Indian people.

1. Douglas' Attitude towards Indian People

Read **34** 32 - **37** and underline all the information you need to work with the following assignment.

1. Describe how the Indians behave in front of Douglas and analyse how he talks to them.
2. Characterize Olivia's feelings while she watches her husband on duty and explain why she protests when Douglas explains to her that "really they are like children" (**35** 31).
3. Comment on Douglas' attitude in general towards the native people.

2. Major Minnies and "the Other Dimension"

Read **120** 3ff., and **137** 37 -**139** 2 and underline all the information you need to complete the following assignment:

1. Describe Major Minnies' attitude towards the Nawab.
2. Explain what Major Minnies is trying to express and what he is trying to hide by using the phrase "the other dimension".
3. Explain why Major Minnies' monograph is also a warning.
4. Comment on Major Minnies' belief that Olivia's involvement with India (the other dimension) has destroyed her.

3. Dr Saunders' Attitude towards Indian People

Read **26** 38 - **28** 12, **99** 19 - **102** 15 and **136**ff. and underline all the information you need to complete the following assignment:

1. Describe Mrs Saunders' attitude towards the Indians.
2. Outline Dr Saunders' attitude towards the Nawab.
3. Discuss if their marble angel (**25** 9-18) could be regarded as a metaphor of their growing feelings of alienation.
4. Comment on Dr Saunders' belief that there is "something rotten about Olivia" (**137** 34)

4. The Graveyard

Find the passages in the novel which portray Olivia's visits to the graveyard and read the article "Cemetery Tourism" (**156**f).

1. The article suggests reasons for the popularity of modern "Cemetery Tourism". Summarize these reasons.
2. Analyse what the graveyard and its atmosphere mean to Olivia and Douglas and to the Saunders' in 1923.
3. "If you want to understand foreign cultures, go and visit their cemeteries and see how they bury their dead" (Edward Said). Comment on this piece of advice with respect to the British cemeteries in India.

Heat and Dust · Teacher's Guide ISBN 978-3-12-579841-0

Europeans in India in the 1970s

Using the ideas and information in the chapters *February 2nd* (**7**ff.) and *February 28th* (**21**ff.), complete the following assignment:

1. Describe what these pictures tell you about the "Indian Dreams" of the Europeans.
2. Describe why these young Europeans have come to India. What experiences do they have in common?
3. Reconstruct the young couple's journey (**22**) with the help of a map, and explain why they chose these places to go to.
4. Discuss how India has changed them and comment on their attitudes towards their surroundings. Use the Fact Box on **148** ("Hippies in India") to help you.

Heat and Dust · Teacher's Guide ISBN 978-3-12-579841-0

Graveyards (1): A Broken Angel

1. Describe the atmosphere that the broken angel creates.
2. Find a proverb or a poem that fits the picture, and explain your choice.
3. Write your own personal proverb or poem which could serve as a caption to the picture.

Photo by Ute Reichmann

Heat and Dust · Teacher's Guide ISBN 978-3-12-579841-0

Graveyards (2)

1. Imagine the following situation: When the narrator sees the gravestone for the first time, she thinks of the poem "Archaic torso of Apollo" by German poet Rainer Maria Rilke (1875-1927). She writes down a quote into her journal. Which one of the quotes below might have come to her mind? Explain why you think she might have chosen that one and not one of the others.

"We do not know his unheard of head, in which the seeing of his eyes ripened."

"... an imprisoned Star ..."

"... his torso still glows like a candelabrum in which his eyes, only turned down slightly, continue to shine.."

"There is no place on this stone that does not see you. You must change your life."

"... the skin of a wild beast ..."

2. Imagine you are working on a film version of *Heat and Dust*. Choose a piece of music that would be suitable as background to the scene when the narrator discovers the broken angel (**25** 1ff.). Give reasons for your choice.

Heat and Dust · Teacher's Guide ISBN 978-3-12-579841-0

The Stories Behind Gravestones

During her stay in Satipur, the narrator visits the old British graveyard again and again. In her journal she collects some of the inscriptions she reads there. Look at some possible examples:

†
In memory of
Major David Braxton
who was called to rest on November the 20th 1921.
Oh God, may our loss be his gain, he asked for life and thou hast given him everlasting life among those he loved who went before and to await those he left behind.

In this grave is buried the mortal part of
Caroline Winifred Hampton.
The beloved wife of Robert Hampton.
Died September 9th 1890 aged 59.
This brave woman spent herself in sweet helpfulness when health failed she continued her beneficent work:
Bodily suffering scarcely diminishing her unbounded self-sacrifice and devotion to the well-being of others. So to live is heaven.

In loving memory of
Theresa Edwards
the loved wife of Clement William Edwards
born February 14th 1865
died January 21st 1911
Dear wife and mother, always smiling, forever loved, her life a beautiful memory, her absence a silent grief.

†
Rebecca Lurie
1923 - 1938
Loved and missed forever, rest gently now, dearest girl, beloved daughter of Caroline and Morris, dear sister of Ben.
We love you like everything.

To the beloved memory of
Alfred Edwin Marwood
who fell asleep
24th April 1901 aged 41 years.
Sweet thou art sleeping cradled on my heart. Safe in God's keeping while I must weep apart.

To our darling
Louise Cooper
daughter of Tom Surgent and Marie Proctor who died at the age of three on 5th May 1931.
Too beautiful for this world, too young for the next.
Sleep peacefully.

†
Rachel Soleman
1914-1947
He shall give his angels charge over thee.
We love you.
We miss you.

†
Robert Stevens
1943-1970
In the darkness that's left by your absence, a bright light burns in memory of the joy that you brought to us.
Sleep tight.

Sacred to the memory of
Charles Davidson
who departed this life June 19th 1892 in his 54th year.
"Not lost but gone before!"
Waiting for the call

1. Imagine that Ms Rivers is researching the stories behind these names. With the help of Inder Lal and his connections, she manages to get the addresses of these families. Choose one of the inscriptions and write a letter to Ms Rivers which includes the story of the deceased person. Write from the perspective of a member of the family.
2. Major Minnies and his wife are buried in Ooty. Write the inscriptions for their gravestones.
3. Douglas is buried in Highgate Cemetery in London (www.highgate.co.uk). Write the inscription for his gravestone.

Heat and Dust · Teacher's Guide ISBN 978-3-12-579841-0

Sati – Faithful Wives

1. Sati in *Heat and Dust*

Read **49-53** and underline all the information you need for the following assignment.

1. With the help of an encyclopaedia and the internet, sum up the historical facts behind this story. Explain what is meant by Sati and what happened in this connection in Douglas' district.
2. Summarize the Englishmen's attitudes towards this custom.
3. Contrast Beth Crawford's and Olivia's attitudes towards this custom.
4. Discuss parallels and differences between a Sati and the death of Juliet in Shakespeare's "Romeo and Juliet".

2. An Eyewitness-Account of a Sati

The following extracts from Jon Stock's novel *The Cardamom Club* (2003) consist of a short newspaper article and an eyewitness-account of a sati.

1. Characterize Kalawati's appearance and her behaviour in this portrayal of a sati.
2. Analyse how the spectator portrays the priest and his assistant.
3. Analyse the spectator's attitude towards the proceedings and towards the woman.
4. You are the spectator and a journalist. Write a newspaper article and comment on what you saw. Decide for which newspaper you want to write: The Guardian – The Times – India Today – The Times of India

Sati Fears in U.P. Village

A sati is to be performed somewhere in the remote Bijnor district of Uttar Pradesh, according to local reports. Twenty-two-year-old Kalawati was widowed two days ago and has been under mounting pressure from her husband's family to perform the illegal ceremony. The medieval practice involves throwing herself onto his funeral pyre, an act that followers believe will transform her into the goddess Sati, the consort of Shiva. India's most celebrated case in recent times was in September 1987, when an eighteen-year-old widow called Roop Kanwar died in Deorala village, Rajasthan. Her death shocked the world, but prompted a revival of sati worship in rural India. (...)

Sati – An Eyewitness Account

They bathe Kalawati first, soaping her bare back with a soft sponge. Her nakedness provokes little reaction from the family members who have gathered to watch in the cramped, airless room. A few moments earlier she has broken with Hindu convention and uttered her husband's name, confirming her wish to die. "My soul is with Rajpal Lachchuram Saini. Let our ashes be as one." In the eyes of the assembled, she has already become something supernatural, otherworldly. Sati means "virtuous woman" in Sanskrit and there is no scandal here.

A priest passes her a towel. She steps into it, drying her young body slowly almost sensually, while an assistant waits with her wedding finery, a vermilion *lengha* folded neatly over his forearm. She takes the skin and blouse and puts them on, swaying slightly, unsteady on her feet. The priest nods anxiously at his assistant who gives her a cup of *bhang* - marijuana mixed with milk and ginger - which she downs in one, her decorated hands trembling. It's her third cup of the morning. The first she took shortly after dawn, when her sisters-in-law had painted her hands and wrists with dark, swirling patterns, using henna paste mixed with oil, lemon juice and tea. The ritual, *Mehndi*, was last performed on the morning of her marriage, barely ten months ago.

One of her husband's sisters takes Kalawati's hand and sits her down on a fraying wicker stool, where she drapes gold necklaces round her neck. Another sister-in-law carefully fixes some rings through her ears, linking a chain from them to her nose, and then slides some bangles over her slender wrists, defying a custom that forbids widows to wear them. She is not a widow, she is a bride. More are slipped over her ankles.

Nobody speaks. Her appearance is breathtaking.

She stands, steadier now, turning to the priest, who daubs her high cheekbones with red minium. Earlier this morning, he mixed it with gunpowder and sulphur to hasten the end. Soon her soft skin will be exploding in the flames on the pyre outside. She takes her *chunari*, a long veil, and places it over her head.

 ISBN 978-3-12-579841-0

The priest presents her with a sprig of cusa herb and some sesame, which she holds in one hand. With the other she drinks some water, cupping it briefly in her decorated palm. Then the priest gives her a silver box full of untampered ochre. She opens it and applies small marks to everyone's face. As she makes her way around the room, moving slowly from one person to the next, the priest repeats the word "Om", over and over again, "Om, Om". She takes pieces of jewellery – rings, bracelets, all of it gold – from one of her sisters-in-law and presents them to the priest and his assistant.

Her time has come.

She almost falls as she steps outside the house, struggling to draw breath. For the first time she sees the pyre that will soon become her final resting place, her wedding bed. Rajpal is already waiting for her, his putrefying body draped in a cheap white sheet. The logs are stacked up all round him. Two long bamboo poles have been laid out on the grass next to the pyre. Beyond them a group of musicians is waiting restlessly, most of them drunk. She follows the priest, who leads her round the pyre three times, accompanied by some barely audible music. As she walks, trancelike now, whether in shock or because of the *bhang*, she throws rice over those who follow her. She takes off her jewellery, too, distributing it piece by piece to her followers. They are looking happier, clutching their relics, believing that a year of good fortune is theirs with every step that they help her to take.

She pauses after the third circle and glances around at everyone, looking for a crack in their expressions, some hint of a way out, but they have moved together, mentally and physically closing ranks. The priest gestures with a hand, subtly but forcibly. She steps up onto the first log. It rotates under her weight and she slips, letting out a small cry. The priest moves forward, helping her to her feet. She climbs upwards until she is on top of the pyre, her whole body shaking, and then she sinks down on her knees, next to her husband.

Her movements have a certain momentum and the priest seizes his moment, moving quickly. As she breaks down, sobbing, one hand across her husband's chest, kissing his sunken cheeks, the priest barks an order at his assistant, who ignites one corner of the pyre with a plastic cigarette lighter. The wood must have been soaked in paraffin because the flames flare up, knocking the assistant backwards. The woman looks up from her husband and screams, trying to get up.

The fire is spreading too quickly.

Moving like an overworked cook, the priest picks up large tin of ghee and throws it unceremoniously in her direction, some of it reaching her, staining her skirt. He discards the empty tin and picks up a can of paraffin, throwing its contents on her, too. A few stinging drops get into her eyes. The hem of her skirt is already alight. She is standing now, her blouse torn, a breast exposed, but then she is suddenly on her knees again, knocked down by one of the bamboo poles.

The priest and his assistant have positioned themselves either side of the fire and they manage to keep her pinned down with the pole, pushing it hard against her bare back. Two more people move into position with the other bamboo pole, pressing it against the calves of her legs. Her resistance is sapping. There is no dignity, no sublimation, no exclamations of Satya! Satya! Satya! such as her predecessors are said to have made. Only fear, and a fizzing noise as the flames blister her face.

Soon her charred body is lying still, next to her husband's, just as was planned. The music trails off. The men slowly release their grip on the bamboo poles. They had been forced to keep them in place with their knees, such was her initial strength. But it is over now. Their ashes are as one.

She has become Sati.

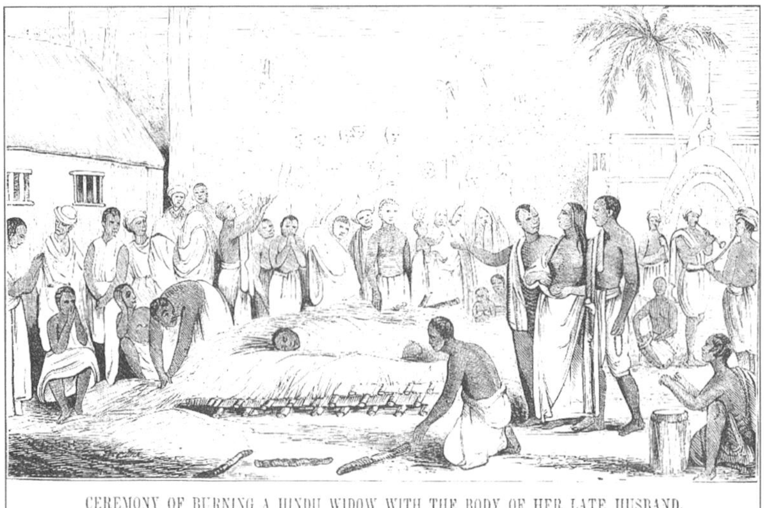

CEREMONY OF BURNING A HINDU WIDOW WITH THE BODY OF HER LATE HUSBAND.

Heat and Dust · Teacher's Guide ISBN 978-3-12-579841-0

The Squirrel that Runs for its Life – The Dead Squirrel

1. The Squirrel in the Ramayana

In urban areas of India, the triple-striped palm-squirrel is a common sight. According to folklore, this animal derives its markings from the very hand of the Hindu god, Rama.

Task: With the help of an encyclopaedia and / or the internet, find out about the story of Rama and Sita and the great war of the monkeys.

2. Squirrel Symbolism in *Heat and Dust*

Reread the following passages featuring the squirrel running for its life (**73** 27-38) and the dead squirrel (**24** 28-37)

1. Characterize the atmospheres that the two squirrels create in both scenes.
2. Read the text below and comment on the message of the story of the squirrel in the Ramayana.
3. If Ruth Prawer Jhabvala had the Ramayana in mind when she wrote the novel, what do her squirrels tell us about the colonial and the post-colonial world they live(d) in?

How the Squirrel Got Its Stripes

A Tale from the Ramayana of India

A long time ago in ancient India there lived a kind, heroic king called Rama with his beautiful and faithful queen, Sita. Rama and Sita were loved by everyone, as they were fair, good-hearted and generous, so when Sita was kidnapped by the greedy king of demons, Ravana, everybody wanted to help. Hanuman, the king of the monkeys, mustered a mighty army of thousands of monkeys, and they set off to wage war on Ravana and bring Sita home to safety.

On their way to Ravana's kingdom, they arrived at the shores of a vast, stormy sea; much too wild to swim across and not everyone could leap across as Hanuman could. Lord Rama was disheartened. There was no alternative – if the army was going to cross the sea, they would have to build a bridge. Nala would help him. Nala was a warrior monkey and the son of Vishwakarma, the architect of the gods, and so he had the skills necessary to accomplish this difficult task and ordered the monkeys to go up to the hills, find the biggest rocks and boulders they could carry, and to bring them back down to the sea to build a bridge. This they did, and for days the monkeys worked constantly, carrying the heavy stones and giant rocks from the mountains to the shore.

They faithfully chanted the name of Rama and were overheard by a little squirrel that watched what they were doing, and wanted to help. But the monkeys just laughed at it. "You are too small – we don't need you," they said. But the little squirrel was not put off and full of devotion he, too, began making the trip from the mountains to the shore, running as fast as his little legs would carry him. Again and again he filled his mouth with tiny pebbles, hurried down to the shore, and spat them out between the big rocks and boulders which the monkeys had placed over the water, thus helping to strengthen the sturdy and most magnificent bridge. But again and again, the monkeys mocked him. "You are just in our way," they screeched and finally the little squirrel began to cry.

When Lord Rama heard him and saw what the squirrel had been doing, he was so impressed by the squirrel's devotion and determination to help rescue Sita that he picked him up and blessed him, stroking three fingers along his back. He told the monkeys: "It is not physical strength that matters, but having love in your heart and doing good in whatever way you can".

And from that day onwards, all these little squirrels have carried three stripes on their backs as a symbol of Lord Rama's blessing.

 ISBN 978-3-12-579841-0

The Solitude of Emperors

The following extract from the novel *The Solitude of Emperors* (2007) is from a book within the novel. Mr Sorabjee is writing a book for teenagers called *The Solitude of Emperors. Why Ashoka, Akbar and Gandhi matter to us today*. He wants to stop fundamentalism amongst young people by promoting tolerance.

1. In three groups, use the internet and prepare a poster or a Powerpoint presentation on each of the three emperors.
2. Sorabjee believes that the three men were the greatest Indians ever because they had visions for India that transcended caste and creed. Using your presentations, point out what their specific visions were.
3. Sum up Sorabjee's wishes for India's future and for the "emperors of the everyday" (l.36).
4. Compare how Sorabjee and Jhabvala use Rama's squirrel to support what they want to say.

I began this chapter by saying that most of us, especially the young, wilfully squander our most precious resource, solitude. But it doesn't need to be that way. There will always be those who are doomed to live their lives with about as much wisdom and meaning as dull-witted bandicoots, but I have no doubt that there are also many of you who would like to be different. And you can raise yourselves up by looking into the solitude that dwells within each of you to discover strength and direction just as the great ones did. Don't assume it will be easy to find – it will require discipline, courage and fortitude – but I am not suggesting you engage in years of penance and monastic rigour as the mighty sages and *rishis* did, your place is in the world and not out of it. Indeed, if anything, you will need to live more fully than most so that the space within your hearts and souls is enriched and vibrant. I exhort you therefore to go out and mingle and learn. Inhale the genius of this country. (...)

And so my young friends, I say to you: immerse yourself in the beauty and terror of this great country, enrich and deepen your hearts and your minds. Let every disappointment instruct you, let every triumph strengthen you. And all the while, even as you are part of the world, learn to walk alone. If you keep at it long enough, the day will come when you are able to look within yourself to find out what you need to do to answer those who seek to diminish our nation.

What we might be called upon to do might not change the lives of millions of people as the great emperors did, and as we hope our emperor in waiting will do, but we should do it anyway – every little bit helps. I'm sure all of you know the story of the squirrels that helped Rama cross the sea to do battle with Ravana; all you need to propel you forward is the courage, conviction, passion and energy that only people of your age and innocence are abundantly gifted with. In the battle you will need to fight, your religion does not matter; your caste does not matter; your position in society does not matter; do not worry if you are a misfit, or haven't been applauded as a 'winner' – some of the great heroes of all time were written off as no-hopers, charlatans and discards[1] by myopic[2] arbiters[3] of society.

You should know that big decisions are hard to take. You will be tempted to do nothing when the time comes, or to pass the responsibility to someone else or to take advantage of the situation for your own benefit, but stepping up to do the right thing no matter how difficult is always the most rewarding course of action. It is something that you will remember with pride for the rest of your life.

There are a thousand causes you can potentially commit to in this country, but as the subject of this book is the misuse of religion I will limit my appeal to this area. I cannot tell you what you should do, you will find that out for yourself, but I can tell you that the only qualification you need is an unwavering commitment to tolerance, and the only commandment worth keeping is the one that maintains that men and women of every faith are equal in the eyes of God and this nation. An ancient commandment, a fundamental right and perhaps a naïve and overly idealistic sentiment, but no less powerful for all that. You have no time to lose – the forces arrayed against you and yours are arming at a furious pace – and as you wait for your own champion to arrive, you must continue to fight in whatever way you can to restore sanity and decency to our nation, you emperors of the everyday.

David Davidar. The Solitude of Emperors. Weidenfeld & Nicolson : Great Britian 2007, p. 208ff.

[1] **discard** reject, something that nobody wants
[2] **myopic** short-sighted, without considering the future
[3] **arbiter** someone who makes a judgement

Heat and Dust · Teacher's Guide ISBN 978-3-12-579841-0

British Anthems

Read these poems and hymns, which are all used as unofficial anthems in the UK (except for *God Save the Queen*, which is the National Anthem). Then do these assignments:

1. With the help of an encyclopaedia and/or the internet, find out the full text and history of these (un-)official anthems.
2. Analyse how these anthems characterize Britain's / England's national and international role or roles during the height of the British Empire.
3. Analyse what Rudyard Kipling defines as the *white man's burden* (**151**f.).
4. Discuss whether the ideas expressed about Britain and England also imply certain attitudes towards other countries or nations and comment on these self-portraits.

Land of Hope and Glory

Dear Land of Hope, thy hope is crowned.
God make thee mightier yet!
On Sov'ran brows, beloved, renowned,
Once more thy crown is set.
Thine equal laws, by Freedom gained,
Have ruled thee well and long;
By Freedom gained, by Truth maintained,
Thine Empire shall be strong.

Chorus: Land of Hope and Glory,
Mother of the Free,
How shall we extol thee,
Who are born of thee?
Wider still and wider
Shall thy bounds be set;
God, who made thee mighty,
Make thee mightier yet.

Arthur C. Benson (1862-1925)

Jerusalem

And did those feet in ancient time
Walk upon England's mountains green?
And was the holy Lamb of God
On England's pleasant pastures seen?
And did the Countenance Divine
Shine forth upon our clouded hills?
And was Jerusalem builded here
Among these dark Satanic mills?

Bring me my bow of burning gold:
Bring me my arrows of desire:
Bring me my spear: O clouds unfold!
Bring me my chariot of fire.
I will not cease from mental fight,
Nor shall my sword sleep in my hand
Till we have built Jerusalem
In England's green and pleasant land.

William Blake (1757-1827)

God Save the Queen

God save our gracious Queen,
Long live our noble Queen,
God save the Queen!
Send her victorious,
Happy and glorious,
Long to reign over us;
God save the Queen!

Thy choicest gifts in store
On her be pleased to pour,
Long may she reign;
May she defend our laws,
And ever give us cause
To sing with heart and voice,
God save the Queen!

(traditional)

Rule Britannia

When Britain first at Heaven's command
Arose from out the azure main;
Arose, arose from out the azure main;
This was the charter, the charter of the land,
And guardian angels sang this strain;
Chorus: Rule, Britannia! Britannia, rule the waves:
Britons never, never, never will be slaves.

The nations not so blest as thee,
Shall in their turns to tyrants fall;
While thou shalt flourish great and free,
The dread and envy of them all.
Chorus

Still more majestic shalt thou rise,
More dreadful from each foreign stroke;
As the loud blast that tears the skies,
Serves but to root thy native oak.
Chorus

James Thomson (1700-1748)

Heat and Dust · Teacher's Guide ISBN 978-3-12-579841-0

Defining Englishness

Read these poems and quotes, then:
1. Point out in your own words the definitions of Englishness that they contain.
2. Analyse how the Nawab defines a "proper Englishman" and consider his way of talking about Englishmen.
3. Explain why the Nawab considers Douglas to be a perfect example of a "proper Englishman" whereas Harry does not conform to his expectations.
4. Describe the Nawab's reactions when:
   a) Major Minnies comes to the palace to discuss the dacoits, and
   b) Dr. Saunders comes to treat Harry.
   Explain why he is so upset on both occasions and comment on the behaviour of his visitors.

1

The English are so Nice

The English are so nice, so awfully nice
they're the nicest people in the world.
And what's more, they're nice about being nice
about your being nice as well!
If you're not nice, they soon make you feel it.

Americans and French and Germans and so on
they're all very well but they're not really nice, you know.
They're not nice in our sense of the word,
are they now?
That's why one doesn't have to take them seriously.
We must be nice to them, of course, of course, naturally.
But it doesn't really matter what you say to them,
they don't really understand -
you can say anything to them:
be nice, you know, just nice -
but you must never take them seriously,
they wouldn't understand,
just be nice, you know! Oh, fairly nice,
not too nice of course, they take advantage -
but nice enough, just nice enough
to let them feel they're not quite as nice as they might be.

D.H. Lawrence (1885-1930)

2

Our English Heritage

When I stand up for England
A thousand years are mine.
I'm one with all her heroes
Of her unbroken line.

I'm Freedom, breaking tyrants,
I'm Justice, binding wrong,
I'm Raleigh's sail borne westward,
I'm Shakespeare's golden song.

When I stand up for England,
Oh, Privilege Divine,
I'm all that man has conquered,
His thousand years are mine.

When I stand up for Goodness,
All time is in my soul,
I'm God's great Purpose starting
From Chaos to its goal.

I'm Light that moves from Darkness,
I'm Love that turns from Strife,
I'm Galilee, I'm Athens,
I'm everlasting life.

When I stand up for Goodness,
Oh' Privilege Divine,
I'm all that man has conquered,
His million years are mine.

Harold Begbie (1871-1929)

3

Quotations

"To be born English is to win the first prize in the lottery of life."

"Ask any man what nationality he would prefer to be, and ninety-nine out of a hundred will tell you that they would prefer to be Englishmen."

Cecil Rhodes (1853-1902)

Heat and Dust · Teacher's Guide ISBN 978-3-12-579841-0

The "Indianisation of India"

"The Indianisation of India was of course highly desirable, said the Crawfords – ever fair-minded and seeing all sides of a question: but it was desirable for Indians rather than for the Crawfords." (127 1)

Task: Look at the pictures and try to explain what Beth Crawford has on her mind when she comments on the *Indianisation of India*. Try to find at least two more pictures on the internet or in history books (for example, by Margaret Bourke-White) that could be applied to this phrase. Comment on Beth Crawford's attitude.

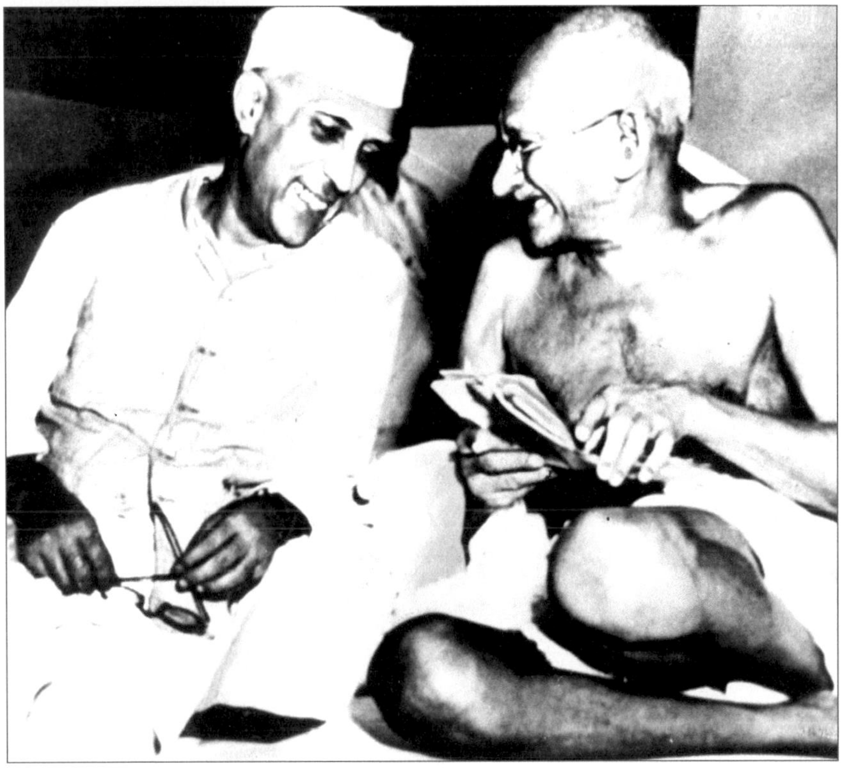

Heat and Dust · Teacher's Guide ISBN 978-3-12-579841-0

Returning to India - The Prince

Read the extract from Naipaul's *"India: A wounded Civilization"* (**153**f.) and underline all the information you need to prepare the following assignment.

1. Sum up what you learn about the prince's past.
2. Using an encyclopaedia and / or the internet, research the Mughal Empire.
3. Describe the prince's attitudes towards India and England, as well as towards Indian and English people and their respective ways of life.
4. Describe his appearance and way of talking and analyse the narrator's way of presenting him.
5. Compare the prince's situation and his charisma to those of the Nawab.
6. Imagine the following situation: during one of his journeys, the prince meets Karim and Kitty in London. The three of them talk about
- their traditions;
- their present situations in London and India;
- the policies of Indira Gandhi;
- their decisions to stay or leave. Consider what the prince might think about Karim and Kitty's way of life.
  Write their conversation.
7. Comment on the fact that the Begum moves to New York and that the Nawab dies in her arms.

Sir Raghubir Singhi, Bahadur of Bundi, Ganpatrao Abajee Kale, 1900.
© Heritage Images/The British Library

Heat and Dust · **Teacher's Guide** ISBN 978-3-12-579841-0

When the Sun Began to Set ...

Read this transcript of a speech made by Sir Winston Churchill at the Honourable Artillery Company, at a St George's Day Dinner, London on 23 April 1953. Then:

1. Sum up in your own words how Churchill defines "the Spirit of England".
2. Analyse how he speaks about his country and how he addresses the audience, and find evidence that the days of the British Empire are over.
3. Find out which colonies gained independence in the twenty years that followed the date of the speech (1953-1973).
4. With the help of an encyclopaedia and the internet, tell the story of St George and find out about St George's Day.
5. a) "I didn't get shouted down when I said it twenty years ago tonight" (line 16).
   On St George's Day, 1933, Winston Churchill gives the speech "Because the sun never sets ... " at the Honourable Artillery Company, at a St George's Day Dinner, London.
   Write this speech in which he refers to Gandhi and his movement and to all the Civil Servants who do their jobs in the British colonies.

   OR:

   b) On St George's Day, 1973, Mother Theresa visits Great Britain and is asked to speak "at the table of this ancient company".
   You are a journalist friend of Mother Theresa, and she asks you to be her ghost writer or spin doctor. Write her speech, starting with a reference to Churchill's speech of April 23rd 1953.

The Spirit of England

England has a quality that no one should overlook. England, like nature, never draws a line without smudging it. We lack the sharp logic of some other countries whom in other ways we greatly admire – in our climate, the atmosphere is veiled, there are none of these sharp presentations, and although we have our differences – especially as in a few minutes I have to go back to the House of Commons – I won't say we are slaves to differences, but at any rate present the point of view which we hold. We have our differences but they do not divide us as they do in nearly all the other countries of the world. There is a great underlying spirit of neighbourliness and there is without doubt a very strong common sense of our national unity and life that, though it doesn't help us in the small matters with which we have to deal from day to day, may well be our salvation in our troubles.

Nothing can save England, if she will not save herself. If we lose faith in ourselves, in our capacity to guide and govern, if we lose our will to live, then, indeed, our story is told. If, while on all sides foreign nations are every day asserting a more aggressive and militant nationalism by arms and trade – if we remain paralysed by our own theoretical doctrines or plunged in the stupor of after-war exhaustion – but this is twenty years ago, this is not new – indeed, all that the croakers predict will come true and our ruin will be certain and final.

But why should we break up the solid structure of British power founded upon so much help, kindliness, and freedom? Why should we break up for dreams which may some day come true, but now are only dreams, or may it be nightmares? We ought as a nation and empire – you won't mind my mentioning that word? – I didn't get shouted down when I said it twenty years ago tonight – Empire, we might, we ought, to weather any storm that blows at least as well as any other existing system of human government.

We are at once more experienced and more truly united than any people in the world. It may well be, I say, that the most glorious chapters in our history are yet to be written. Indeed, the very problems and dangers that encompass us in our country ought to make English men and women of this generation glad to be here at such a time. We ought to rejoice at the responsibilities with which destiny has honoured us and be proud that we are the guardians of our country in an age when her life is at stake. I have lived, since then, to see our country accomplish, achieve her finest hour and I have no doubt that if this spirit of England continues, there is no reason at all why twenty years hence someone may not stand at the table of this ancient company and speak in the sense of pride and hope in which I have ventured to address you tonight.

Winston Churchill, who in 1931 (in the British Houses of Parliament) called Gandhi, whom he despised, "a seditious Middle Temple lawyer, now posing as a half naked... *fakir*."

Heat and Dust · Teacher's Guide ISBN 978-3-12-579841-0

Orientalism

Edward Said's *Orientalism* (1978) and Amartya Sen's *The Argumentative Indian* (2005) have become classics. Both scholars try to interpret Indian history by looking at its relationship to Europe.

1. Use the internet to research these two scholars.
2. Discuss which of the following quotations by Said could help you to interpret the behaviour of the Europeans in *Heat and Dust*.
3. Using a history book and the internet, find out what Sen is refering to when he talks about the 'emergency' in India in the 1970s.
4. Discuss the fact that neither Chid nor the narrator seem to realise what is going on in Indian politics during their stay in India.

I shall be calling Orientalism a way of coming to terms with the Orient that is based on the Orient's special place in Western experience. The Orient is not only adjacent to Europe; it is also the place of Europe's greatest and richest and oldest colonies, the source of its civilizations and languages, its cultural contestant, and one of its deepest and most recurring images of the Other. In addition, the Orient has helped to define Europe (or the West) as its contrasting image, idea, personality, experience. Yet none of this Orient is merely imaginative. The orient is an integral part of European material civilization and culture. (. . .)

Orientalism is a style of thought based upon an ontological and epistemological distinction made between "the orient" and (most of the time) "the Occident". Thus a very large mass of writers, among whom are poets, novelists, philosophers, political theorists, economists, and imperial administrators, have accepted the basic distinction between East and West as a starting point for elaborate theories, epics, novels, social descriptions, and political accounts concerning the Orient, its people, customs, "mind", destiny, and so on. (. . .)

Taking the late eighteenth century as a very roughly defined starting point, Orientalism can be discussed and analysed as the corporate institution for dealing with the Orient – dealing with it by making statements about it, authorising views of it, describing it, by teaching it, settling it, ruling over it: in short, Orientalism as a western style for dominating, restructuring, and having authority over the Orient. (. . .)

European culture gained in strength and identity by setting itself off against the Orient as a sort of surrogate and even underground self. (. . .)

One ought never to assume that the structure of Orientalism is nothing more than a structure of lies or of myths which, were the truths about them to be told, would simply blow away. I myself believe that Orientalism is more particularly valuable as a sign of European-Atlantic power over the Orient than it is as a veridic discourse about the orient. (. . .)

Orientalism is never far from what Denys Hay has called the idea of Europe, a collective notion identifying "us" Europeans as against "those" non-Europeans, and indeed it can be argued that the major component in European culture is precisely what made that culture hegemonic both in and outside Europe: the idea of European identity as the superior one in comparison with all the non-European peoples and cultures.

Edward Said: Orientalism, pp. 1-7 (1978)

The historical roots of democracy in India are well worth considering, if only because the connection with public argument is often missed, through the temptation to attribute the Indian commitment to democracy simply to the impact of British influence (despite the fact that such an influence should have worked similarly for a hundred other countries that emerged from an empire on which the sun used not to set).

India's unusual record as a robust, non-Western democracy includes not just its popular endorsement, following independence from the British Raj, of the democratic form of government, but also the tenacious persistence of that system, in contrast to many other countries where democracy has intermittently made cameo appearances. (...)

The decisive experiences in India also include the unequivocal rejection by the Indian electorate of a very prominent attempt, in the 1970s, to dilute democratic guarantees in India (on the alleged ground of the seriousness of the 'emergency' that India then faced). Even though Indian democracy remains imperfect and flawed in several different ways, the ways and means of overcoming those faults can draw powerfully on the argumentational tradition.

Amartya Sen: The Argumentative Indian, pp. 12-13 (2005)

Heat and Dust · Teacher's Guide ISBN 978-3-12-579841-0

My Father's Raj

Assignment

1. Characterize the colonial world of Mark Tully's childhood.
2. Characterize Tully's father, his social background and his attitude towards his son.
3. Compare the role that William Scarth Carlisle Tully, the businessman, plays in British India to the roles that the civil servants Rivers, Minnies and Crawford play in Ruth Prawer Jhabvala's India.
4. Discuss possible answers to the following question: "What made him as he was?" (l. 42), and comment on the sentences: "I certainly don't think of him as a bigot and a racist." (l. 43).
5. Comment on the sentences: "As for our fellow Britons, they fell into a hierarchy as rigid as Indian caste." (l. 49), to ". . . Bathgate the chemists." (l. 53).
6. Use the internet and find out more about Mark Tully and his later life in India.

I was born in Calcutta in October 1935 and grew up on the southern outskirts of the city, in one of the areas where the British lived. Our first address was number six, Regent's Park, Tollygunge, but as the family grew – eventually I had five brothers and sisters – we moved to number seven in the same road. This was similar to number six, a two-storey house hidden in its grounds behind high yellow walls, but even larger. The lawn could double as a tennis court. The rear compound was so big that it could house quarters for our dozen and more servants, and those quarters could seem hidden, tucked away. My father, William Scarth Carlisle Tully, was a businessman, or what Calcuttans knew as a *'box wallah'*. In those days Calcutta was still the commercial capital of the Raj, more important even than Bombay, though by this time the viceroy and the British administration had moved to Lutyen's[1] new Capital, New Delhi. (…)

We did not get on. I sometimes look back on my childhood in Calcutta and wonder how the seeds of our tempestuous relationship came to be sown. My father was a stern man and a moralist, but he was certainly not brutal. His bright brown eyes could freeze anyone who aroused his anger, which was easy to do. There were sometimes terrifying outbursts of temper. Once he dragged me screaming with fear up to the high diving board of Tollygunge Club swimming pool, shouting, "I'll teach you to be a coward", though that is the only physical clash I can remember. My resentment of him came more, I think, from his constant criticism of me. His life was filled with correctness – the right way to hold a knife and fork, the right way to sit (and stand, and ride a bicycle), the right way to talk to servants – and I managed to get most things wrong. He was particularly keen on the right way to speak and the right way to spell. Any hint of what was known as a *chi-chi* or Eurasian accent was pounced on; the letters I sent him from my boarding school came back to me with the spelling mistakes underlined in red.

Of course, he accepted without question the convention that the British in India must remain above India and not become part of it. He employed Nanny Oxborrow from England to make sure that we kept our distance to avoid social contamination – to 'go native' was still a meaningful phrase then, and a pejorative one. Nanny did no work herself; there were children's maids and Jaffa, the nursery boy, to do that. Her responsibility was to see that we did not get too close to these Indian servants. When for example, we went for our morning pony ride, Nanny would come too – walking alongside and slowing our progress – in case we were tempted to talk to the groom, or syce, in his own language. Once I got a sharp slap from her when she found our driver teaching me to count to ten in Hindustani.

We met our parents by regular appointment twice a day. After our pony ride, Nanny would take us to their bedroom to watch them having *chota hazri*, or small breakfast, tea and delicious green bananas. Then in the evening, after Nanny had supervised our baths, she would accompany us to the drawing room, where my parents would be drinking sherry. On Sundays we saw more of our parents – Nanny had the day off and the special privilege of a glass of sherry when she returned from evensong at the Anglican cathedral (I can still remember the sweet smell of her breath). It was a formal childhood, but perhaps not quite so formal as it now sounds. We weren't a social family – my father despised cocktail parties and receptions – but we had our share of birthday parties, with roundabouts, conjurors and snake charmers on the lawn and trips to the swimming pools and fancy-dress carnivals of Calcutta's several clubs. Over the past few decades, Calcutta has become a byword for poverty,

[1] Sir Edwin Landseer Lutyens, (1869 –1944) was a leading 20th century British architect.

but in those days the only time poverty impinged on our white lives was (paradoxically) when my mother took us to the fashionable shops near the Maidan, the city's equivalent of Hyde Park or Central Park. There we would see lepers squatting on the pavement begging, fingers reduced to stumps, toes eaten away. I was fascinated. My mother would drag me away. (...)

I often think of him now. Who can explain the dynamics that work between father and son? What made him as he was? I certainly don't think of him as a bigot and a racist. He respected his Bengali clerks, his *babus*, and made friends of a few Indians he met in the Calcutta Musical Society (he had a magnificent bass voice). He was typical of his time; he had the best as well as the harshest of an older set of values. He was loyal and attracted loyalty. He was absolutely honest. He was generous to relatives who fell on hard times. He wanted (I now see) the best for his children. But he would never have broken the rules that governed the British relationship with India, nor the rules that governed how the British in India behaved among themselves. Indians were a separate and different people, the divide was to be observed and never crossed. As for our fellow Britons, they fell into a hierarchy as rigid as Indian caste. Among the business community, the managing agents were the elite, and retailers were the bottom of the pile. Barriers could be crossed, but of one upwardly mobile Calcutta friend of our family my father would always observe darkly: "He has a chip on his shoulder. He can never forget that he came out to Calcutta with Bathgate the chemists."

My father had a chip on his own. His origins were towards the lower end of the English middle class. His father owned a garage, he'd gone to a minor public school – Weymouth, long since closed. Calcutta society contained much grander people, with more glorious educations and lineages. My father felt looked down on. He wanted to be accepted and the fact that my mother's grandfather had been a housemaster at Winchester school, ancient and proud, only made him more prickly and difficult.

He determined that his children would go to 'good schools', and I was sent to Marlborough, where I began my

long rebellion against everything my father wanted me to be. (...)

And yet I not only owe my life to him, but also the shape and the satisfaction of it. In my late twenties I got a job in the personnel department on the BBC. A posting in junior management came up – assistant representative of the BBC in Dehli – and I was interviewed for it. I was asked by a member of the appointments board if I could speak Hindi. 'Not well at all' I replied, 'but I can recite "Humpty Dumpty" and "Little Miss Muffett" in Hindustani.' They were not amused, but I got the job. At the age of thirty, after twenty years, I went back to India.

That was more than thirty years ago. India is where I have lived almost constantly since. My zeal for it began as a reaction to my father's insistence that England was my home, the place I belonged to, the country that made me. For me, it turned out to be India that supplied those feelings, that anchorage.

Mark Tully: My father's Raj. In: India. The Golden Jubilee. Grant 57, Spring 1997, pp. 139ff.

Heat and Dust · Teacher's Guide ISBN 978-3-12-579841-0

Things can change in a day

Assignment 1
Imagine it is the annual anniversary of an exchange programme which your school has had with a secondary school in Kerala since 1997 (you can find several on the internet). In order to commemorate this, Arundhati Roy has agreed to give a lecture.
You are the speaker of the student's council and you have to introduce her to the English speaking audience (Roy doesn't speak any German). Use the internet, collect pieces of information about her life and work, write an introductory speech and prepare a board or a power point presentation with some pictures.

Assignment 2
1. Looking back, Rahel comes to the conclusion that her family has always had a problem with classification and transgression. Point out the examples that come into her mind which provide evidence of this theory.
2. Look at the narrator's portrayal of Indian history and discuss if this problem with classification and transgression can also be applied to Indian history.
3. The narrator contemplates the idea that hours which become watersheds in the lives of people have to "be resurrected from the ruins and examined" in order to imbue them "with new meaning". Discuss if this idea could also be the motto of the narrator's journey in *Heat and Dust*.

The following text is an extract from the first chapter of Arundhati Roy's "The God of Small Things" (1997) which tells the stories of Ammu, a Syrian-Christian and her twin children, Rahel and Estha. The scene takes place in 1992, when Rahel, now 30, is waiting to meet her twin brother Estha. They haven't seen each other since 1969 when her British half-cousin Sophie Mol died in an accident on the Ayemenem river in Kerala, and when her grandmother separated Ammu and the twins because she blamed them for Sophie Mol's death.
While she is waiting, Rahel contemplates her family's history and relates it to the history of the Indian subcontinent.

From the dining-room window where she stood, with the wind in her hair, Rahel could see the rain drum down on the rusted tin roof of what used to be her grandmother's pickle factory.

Paradise Pickles & Preserves.

It lay between the house and the river.

They used to make pickles, squashes, jams, curry powders and canned pineapples. And banana jam (illegally) after the FPO (Food Production Organization) banned it because according to their specifications it was neither jam nor jelly. Too thin for jelly and too thick for jam. An ambiguous consistency, they said.

As per their books.

Looking back now, to Rahel it seemed as though this difficulty that her family had with classification ran much deeper than the jam-jelly question. Perhaps Ammu, and Estha, and she were the worst transgressors. But it wasn't just them. It was others too. They all broke the rules. They all crossed into forbidden territory. They all tampered with the laws that lay down who should be loved and how. And how much. The laws that make grandmothers grandmothers, uncles uncles, mothers mothers, cousins cousins, jam jam and jelly jelly.

It was a time when uncles became fathers, mothers lovers, and cousins died and had funerals.

It was a time when the unthinkable became thinkable and the impossible really happened. (...)

It would probably be correct to say that it all began when Sophie Mol came to Ayemenem. Perhaps it's true that things can change in a day. That a few dozen hours can affect the outcome of whole lifetimes. And that when they do, those few dozen hours, like the salvaged remains of a burnt house – the charred clock, the singed photograph, the scorched furniture – must be resurrected from the ruins and examined. Preserved. Accounted for.

Little events, ordinary things, smashed and reconstituted. Imbued with new meaning. Suddenly they become the bleached bones of a story.

Still, to say that it all began when Sophie Mol came to Ayemenem is only one way of looking at it.

Equally, it could be argued that it actually began thousands of years ago. Long before the Marxists came. Before the British took Malabar, before the Dutch Ascendancy, before Vasco da Gama arrived, before the Zamorin's conquest of Calicut. Before three purple-robed Syrian Bishops murdered by the Portuguese were found floating in the sea, with coiled sea serpents riding on their chests and oysters knotted in their tangled beards. It could be argued that it began long before Christianity arrived in a boat and seeped into Kerala like tea from a tea-bag. That it really began in the days when the Love Laws were made. The laws that lay down who should be loved, and how.

And how much.

Arundhati Roy, The God of Small Things. Harper Collins 1997. pp. 30ff.

And still I rise

The African-American author Maya Angelou was born in St. Louis, Missouri in 1924. Although she had to face poverty and discrimination, her childhood was happy, as, cared for by her grandmother, she felt loved and accepted. At the age of twelve, she returned to live with her mother and her new partner, whom Maya learned to like and to trust. However, he abused Maya's feelings and abused her. For a long time Maya did not speak about her experiences and for some years she even would not speak at all. With the help of her mother and a teacher of literature, she learned to accept herself and her situation. Maya Angelou became a self-confident, eloquent and politically committed woman, a single mother, author, actor, singer and performance artist who read her own poetry. Her autobiography *I Know Why The Caged Bird Sings* became an international bestseller, one of the first written by a black woman. She has travelled all over the world to perform and to take part in political demonstrations. One of her most internationally acclaimed public performances was her reading at the presidential inauguration of Bill Clinton.

Maya Angelou: And still I rise (1978)

You may write me down in history
With your bitter, twisted[1] lies,
You may trod me in the very dirt
But still, like dust, I'll rise.

Does my sassiness[2] upset you?
Why are you beset with gloom?
Because I walk like I've got oil wells
Pumping in my living room.

Just like moons and like suns,
With the certainty of tides,
Just like hopes springing high,
Still I'll rise.

Did you want to see me broken?
Bowed head and lowered eyes?
Shoulders falling down like teardrops,
Weakened by my soulful cries?

Does my haughtiness[3] offend you?
Don't you take it awful hard
Because I laugh like I've got gold mines
Digging in my own backyard.

You may shoot me with your words,
You may cut me with your eyes,
You may kill me with your hatefulness,
But still, like air, I'll rise.

Does my sexiness upset you?
Does it come as a surprise
That I dance like I've got diamonds
At the meeting of my thighs?

Out of the huts of history's shame
I rise
Up from a past that's rooted in pain
I rise
I'm a black ocean, leaping and wide,
Welling and swelling I bear in the tide.

Leaving behind nights of terror and fear
I rise
Into a daybreak that's wondrously clear
I rise
Bringing the gifts that my ancestors gave,
I am the dream and the hope of the slave.
I rise
I rise
I rise.

[1] **twisted** unpleasant, perverted, prejudiced
[2] **sassiness** frankness, rudeness, disrespect
[3] **haughtiness** believing that one is superior to others

Assignment:

1. Characterise the speaker, her experiences and her feelings of self-esteem in Maya Angelou's poem *"And still I rise" (1978).*
2. Characterise the roles of history and tradition in her life and discuss who is being addressed by "you".
3. Point out how Maji, Inder Lal's mother and Ritu and their feelings of self-esteem are influenced by history and tradition in *Heat and Dust.*
4. Shortly before the narrator moves to the mountains, Maji gives her a poem which she had written for her and which the narrator translates and writes into her journal. It is called *The Love Laws.* Write this poem of at least 10 lines.
5. Choose one character from the novel *Heat and Dust* whom you would like to give this poem as a present. Give reasons for your choice.

Heat and Dust · Teacher's Guide ISBN 978-3-12-579841-0

Leelavati's Death

Assignment

Read **90-96** and underline all the information you need for the following assignment.

1. Sketch out Leelavati's biography with the help of a map and a timeline.
2. Compare the narrator's reactions and her state of mind to those of Inder Lal, Dr. Gopal and Maji.
3. Discuss why the narrator does not (want to) understand Inder Lal's and Dr. Gopal's reactions.
4. Analyse the function and the impact of the sentence "The beggar woman had a name." (**94** 17)
5. Being aware of your own background in the western world, comment on the sentence: "Maji was very pleased: she said Leelavati had done well and had been rewarded with a good, a blessed end." (**96** 1ff.)
6. The narrator, Maji, Inder Lal and Dr. Gopal all react differently to Leelavati's death. Match some of these quotations to the characters and their reactions. Give reasons for your choices.

I am because we are.
African Proverb

The bitterest tears shed over graves are for words left unsaid and deeds left undone.
Harriet Beecher Stowe

Every man dies. Not every man truly lives.
Braveheart

Never the spirit was born, the spirit shall cease to be never. Never was time it was not, end and beginning are dreams.
The Bhagavad Gita

For certain is death for the born, and certain is birth for the dead; therefore over the inevitable thou shouldst not grieve.
The Bhagavad Gita

Even at our birth, death does but stand aside a little. And every day he looks towards us and muses somewhat to himself whether that day or the next he will draw nigh.
Robert Bolt

He who dies a thousand deaths meets the final hour with the calmness of one who approaches a well remembered door.
Heywood Brown

So many people tiptoe through life, so carefully, to arrive, safely, at death.
Jermaine Evans

If I were to sit under a tree, and tell you the sadness of the widows, the leaves of that tree would fall like tears.
Kamala Gosh, Women's rights activist

I said to Life, I would like to hear Death speak. And Life raised her voice a little higher and said: "You hear him now."
Kahlil Gibran

When you were born, you cried, and the world rejoiced. Live your life in such a manner that when you die, the world cries and you rejoice.
Kabir

...when we finally know we are dying, and all other sentient beings are dying with us, we start to have a burning, almost heartbreaking sense of the fragility and preciousness of each moment and each being, and from this can grow a deep, clear, limitless compassion for all beings.
Sogyal Rinpoche

Death does not hurt, death is painless, death is just a great release of pain, it's living that truly hurts.
Diana Uchiha

The Development Set

"...Colonialism has led to racism, racial discrimination, xenophobia and related intolerance, and ... Africans and people of African descent, and people of Asian descent and indigenous peoples were victims of colonialism and continue to be victims of its consequences ..."

(Durban Declaration of the World Conference against Racism, Racial Discrimination, Xenophobia and Related Intolerance, 2001)

"Time is your enemy because
you always have to leave
and to go somewhere.
Where we live time is our
friend."

James Mwinuka

Assignment

1. Outline the main characteristics the speaker ascribes to himself and the "development set".
2. Analyse the way the speaker talks, as well as his/her language.
3. Contrast how the speaker introduces the worlds of the rich and the poor.
4. Explain what Ross Coggins wants to criticise with his poem and comment on his attitude.

The Development Set (1976)

by Ross Coggins

Excuse me my friends, I must catch my jet,
I'm off to join the Development Set:
My bags are packed, and I've had all my shots,
I have travellers cheques and pills for the trots .

The Development Set is bright and noble,
Our thoughts are deep and our vision global.
Although we move with the better classes,
Our thoughts are always with the masses.

In Sheraton hotels in scattered nations,
We damn multinational corporations.
Injustice seems so easy to protest,
In such setting hotbeds of social rest.

We discuss malnutrition over steaks,
And plan hunger talks during coffee breaks.
Whether Asian floods or African drought,
We face each issue with an open mouth.

We bring in consultants whose circumlocution,
Raises difficulties with every solution.
Thus guaranteeing continued good eating,
By showing the need for another meeting.

The language of the Development Set
Stretches the English alphabet.
We use swell words like "epigenetic"
"Micro", "Macro" and "Logarithmetic".
Development Set homes are extremely chic,
Full of carvings, curios, and draped batik.
Eye-level photographs subtly assure,
That your host is at home with the rich and the poor.

Enough of these verses - on with the mission!
Our task is as broad as the human condition!
Just pray to God the biblical promise is true,
The poor ye shall always have with you.

(In: Graham Hencock. Lords of Poverty. The Power, Prestige and Corruption of the International Aid Business. 1992.)

Heat and Dust · Teacher's Guide ISBN 978-3-12-579841-0

When you become a tourist

Imagine the following situation: You are on a backpacking trip in India and are passing through Goa. Walking back to your hostel, your eyes wander around and rest on the child in the picture. Write an interior monologue in which you address the child.

Photo by Jutta Niemann

Assignment:

Now read the text below.

1. Analyse how the narrator characterizes the everyday life of a "nice person" in the western world.
2. Analyse the narrator's opinion of tourists: What tone does he/she use when speaking about them and what is the effect on the reader of using a second-person narrative position ("you")?
3. Compare this tourist's role, his behaviour and his attitudes to those of the tourists in *Heat and Dust*.
4. Comment on the sentence: "So when the natives see you, the tourist, they envy your ability to turn their own banality and boredom into a source of pleasure for yourself." (lines 49-50)

The thing you have always suspected about yourself the minute you become a tourist is true: A tourist is an ugly human being. You are not an ugly person all the time; you are not an ugly person ordinarily; you are not an ugly person day to day.

From day to day, you are a nice person. From day to day, all the people who are supposed to love you on the whole do. From day to day, as you walk down a busy street in the large and modern and prosperous city in which you work and live, dismayed, puzzled (a cliché, but only a cliché can explain you) at how alone you feel in this crowd, how awful it is to go unloved, even as you are surrounded by more people than you could possibly get to know in a lifetime that lasted millennia, and then out of the corner of your eye you see someone looking at you and absolute pleasure is written all over that person's face, and then you realise that you are not as revolting a presence as you think you are (for that look just told you so). And so, ordinarily, you are a nice person, an attractive person, a person capable of drawing to yourself the affection of other people (people just like you), a person at home in your own skin (sort of; I mean, in a way; I mean, your dismay and puzzlement are natural to you, because people like you just seem to be like that, and so many of the things people like you find admirable about yourselves – the things you think about, the things you really think define you – seem rooted in these feelings): a person at home in your own house (and all its nice house things), with its nice back yard (and its nice back-yard things), at home on your street, your church, in community activities, your job, at home with your family, your relatives, your friends – you are a whole person.

But one day, when you are sitting somewhere, alone in that crowd, and that awful feeling of displacedness comes over you, and really, as an ordinary person you are not well equipped to look far inward and set yourself aright, because being ordinary is already so taxing, and being ordinary takes all you have out of you, and though the words "I must get away" do not actually pass across your lips, you make a leap from being that nice blob[1] just sitting like a boob[2] in your amniotic[3] sac of modern experience to being a person visiting heaps of death

[1] **blob** a fat person
[2] **boob** mistake
[3] **amniotic sac** Fruchtblase

Heat and Dust · Teacher's Guide ISBN 978-3-12-579841-0

and ruin and feeling alive and inspired at the sight of it; to being a person lying on some faraway beach, your stilled body stinking and glistening in the sand, looking like something first forgotten, then remembered, then not important enough to go back for; to being a person marvelling at the harmony (ordinarily, what you would say is the backwardness) and the union these other people (and they are other people) have with nature. And you look at the things they can do with a piece of ordinary cloth, the things they fashion out of cheap, vulgarly coloured (to you) twine, the way they squat down over a hole they have made in the ground, the hole itself is something to marvel at, and since you are being an ugly person this ugly but joyful thought will swell inside you: their ancestors were not clever in the way yours were and not ruthless in the way yours were, for then would it not be you who would be in harmony with nature and backwards in that charming way?

An ugly thing, that is what you are when you become a tourist, an ugly, empty thing, a stupid thing, a piece of rubbish pausing here and there to gaze at this and taste that, and it will never occur to you that the people who inhabited the place in which you have just paused cannot understand you, that behind their closed doors they laugh at your strangeness (you do not look the way they look); the physical sight of you does not please them; you have bad manners (it is their custom to eat food with their hands; you try eating their way, you look silly; you try eating the way you always eat, you look silly); they do not like the way you speak (you have an accent); they collapse helpless from laughter, mimicking the way they imagine you must look as you carry out some everyday bodily function. They do not like you. They do not like me! That thought never actually occurs to you. Still, you feel a little uneasy. Still, you feel a little foolish. Still, you feel a little out of place. But the banality of your own life is very real to you; it drove you to this extreme, spending your days and nights in the company of people who despise you, people you do not like really, people you would not want to have as your actual neighbour. And so you must devote yourself to puzzling out how much of what you are told is really, really true (Is ground-up bottle glass in peanut sauce really a delicacy around here, or will it do just what you think ground-up bottle glass will do? Is this rare, multicoloured, snout-mouthed fish really an aphrodisiac, or will it cause you to fall asleep permanently?). Oh, the hard work all of this is, and is it any wonder, then, that on your return home you feel the need of a long rest, so that you can recover from your life as a tourist?

That the native does not like the tourist is not hard to explain. For every native of every place is a potential tourist, and every tourist is a native of somewhere. Every native everywhere lives a life of overwhelming and crushing banality and boredom and desperation and depression, and every deed, good and bad, is an attempt to forget this. Every native would like to find a way out, every native would like a rest, every native would like a tour. But some natives – most natives in the world – cannot go anywhere. They are too poor. They are too poor to go anywhere. They are too poor to escape the reality of their lives; and they are too poor to live properly in the place where they live, which is the very place you, the tourist, want to go – so when the natives see you, the tourist, they envy your ability to turn their own banality and boredom into a source of pleasure for yourself.

Jamaica Kincaid. A Small Place. Vintage 1997. pp. 14ff.

Heat and Dust · Teacher's Guide ISBN 978-3-12-579841-0

Frauenjournal

SUJATA BHATT was born in Ahmedabad, India in 1956. Her grandfather was a close friend of Mahatma Gandhi. He dedicated his life to education and founded several schools for illiterate farmers and their children in the rural areas of Saurashtra, Gujarat. His friendship to Gandhi and his opposition to the caste system got him into prison - twice. Sujata Bhatt's family emigrated to the US in 1968 when her father, a virologist, was offered a scholarship in New Orleans and invited by Yale University to set up a program of tropical virus research. Family pressures forced her father against his will to accept this offer.
Sujata Bhatt has worked in the United States and Canada and now lives in Germany with her daughter and husband, the German writer Michael Augustin. Her poems have been widely published, and also broadcast on British, German and Dutch radio. One of her most acclaimed anthologies is *"The Stinking Rose"* which is dedicated to… garlic.

Assignment

1. Sum up the problems that the women and girls in this poem face.
2. Analyse how the speaker portrays the media in this poem, and discuss the question of whether the camera is a voyeur or a witness.
3. Discuss whether people living in the West have the (moral) right to be judgemental on rituals like female circumcision or sati.
4. Discuss your personal answers to the question: *What is the point of bearing witness?*

Frauenjournal

A woman kills
her newborn granddaughter
because she has four already.

A woman kills because
there's not enough money
not enough milk.

A woman kills her newborn daughter
and still eats dinner
and still wears a green sari.

Is this being judgemental?
Or is this how one bears witness
with words?

And another woman in another country
makes sure that her seven-year-old daughter
has her clitoris sliced off
with a razor blade.
This is what they will show us
tonight – prime time –
we're advised not to let our children watch this.
This has never been filmed before.
Sometimes it's necessary
to see the truth. The moderator tells us
words are not enough.

Now the camera focuses on
the razor blade – so there is no doubt
about the instrument. The razor blade
is not a rumour.

Now the camera shifts over
to the seven-year-old face:
She smiles innocent – she doesn't know.
The girl smiles – she feels important.
And then the blood and then the screams.

Why do I think I have to watch this?
Is this being a voyeur?
Or is this how one begins
to bear witness?

And another woman tells us how years ago
she accidentally killed her own daughter
while trying to cut out her clitoris.
The risks are great, she tells us,
but she's proud of her profession.

How much reality can you bear?

And if you are a true poet
why can't you cure
anything with your words?

The camera focused
long and steady on the razor blade.
At least it wasn't rusty.

How can you bear witness
with words, how can you heal
anything with words?

The camerawoman could not
afford to tremble or flinch.
She had to keep a steady hand.
And the hand holding the razor blade
did not hesitate.

And if you are a true poet
will you also find a voice
for the woman who can smile
after killing her daughter?

What is the point of bearing witness?

Afterwards, the girl can barely walk.

For days the girl will hobble – unable

unable unable

unable to return
to her old self,
her old childish way of life.

Sujata Bhatt: The Stinking Rose. Carcanet Press Ltd., p. 113f.

Heat and Dust · Teacher's Guide ISBN 978-3-12-579841-0

Gap year

Assignment

1. Point out what the text has to say about problems experienced by young "gappers" in recent years.
2. Sum up in your own words what the VSO criticises and explain the term "voluntourism".
3. Explain why young adults in the 1960ies and 1970s travelled to India (cf. materials **148** and **158**), and compare the reasons the "hippies" had for travelling in the 1970s to those of today's "gappers".
4. Comment on the warnings of the VSO and on their advice to stick to backpacking, and discuss possible alternatives.

You're better off backpacking - VSO warns about perils of "voluntourism"

Tuesday August 14, 2007 - The Guardian

Gap year teenagers preparing to pay out hundreds of pounds to teach street children in Dhaka or rescue sea turtles in Costa Rica may be better off simply backpacking rather than taking up "spurious" and costly voluntary work in developing countries, a leading charity warns today. As thousands of young people await their A-level results this week, the international development charity VSO suggests the growing pressure to volunteer overseas during a gap year can be damaging both for "gappers" themselves and for the communities they work with. The so-called "voluntourism" phenomenon has spawned ill-planned schemes that leave young people out of pocket - sometimes by several thousand pounds, even excluding the cost of flights to their chosen developing country - and do little to provide sustainable and well-targeted help for local communities, VSO claims.

Judith Brodie, director of VSO UK, said: "Spending your gap year volunteering overseas has become a rite of passage for young people and the gap year market has grown considerably." While there are many good gap year providers, we are increasingly concerned about the number of badly planned and supported schemes that are spurious - ultimately benefiting no one apart from the travel companies that organise them. "Young people want to make a difference through volunteering, but they would be better off travelling and experiencing different cultures, rather than wasting time on projects that have no impact and can leave a big hole in their wallet." The charity's warning is the latest salvo in its criticism of the overseas volunteering sector of the booming gap year industry, which now sees around a quarter of young people take a gap year at some time between 18 and 25.

VSO has warned that gappers risk becoming the "new colonialists" if attitudes to voluntary work in the developing world do not change, accusing gap year companies of increasingly catering to the needs of young people seeking to combine a little worthiness with a lot of travel, rather than the communities they claim to support. The gap year has frequently been criticised for being the preserve of over-privileged middle-class teenagers subsidised by mum and dad as they sample a few weeks' conservation work on a Pacific reef before joining a well-trodden, hedonistic backpacking trail documented in breathless emails home. The most fleeting scan of internet sites offering gap year volunteering opportunities reveals both the attempts to appeal to teenagers' desire to mix charity and travel, and the high price often charged. "Teaching in a socially and economically disadvantaged area of Rio de Janeiro - minutes from the glorious beach, but a million miles from luxury - is eye-opening and surprising," offers one company, which also charges £1,382 for the chance to participate in a two-week "African savannah project" in Swaziland or £531 for a fortnight "teaching English to street kids in Peru".

A review of gap year provision commissioned by the government from Andrew Jones at Birkbeck College, University of London, in 2004 found more than 800 organisations providing overseas volunteering in 200 countries, with an average fee ranging from £500 to £2,000 - sums now exceeded in some cases. Hannah Saunders, 19, from London, paid £1,100 - excluding flights - for two months teaching children in Pune, India, on a placement run by a commercial gap year firm. She said: "I didn't have any training or preparation from the organisation before I went, and they didn't expect me to have any qualifications. When I arrived, although the project did fantastic work, they didn't know I was coming or what to do with me. I didn't have enough experience of work to know how to handle that at first, but in the end I asked them if I could work with small groups of children and things did improve. But it would be much better to have better liaison with the project while you are still at home so you can create links and work out what they need you to do."

Heat and Dust · **Teacher's Guide** ISBN 978-3-12-579841-0

To help determined young volunteers sort the well-run companies from those more concerned with making a quick buck, VSO is publishing a "gap year checklist". It recommends gappers ask whether they will be given a "defined role and purpose"; whether they will meet face to face with their provider and attend a selection day to assess their suitability for different opportunities; what sort of training and support will be available; and why they will have to pay if their contribution will be of real value. Richard Oliver, chief executive of the Year Out Group, set up seven years ago and now representing 36 gap year companies which all sign up to a code of practice, said voluntary work could still offer young people a more enduring experience of a country than travel alone, but agreed teenagers should take time to choose a reputable firm and a placement matching their own skills and interests.

"The message is, do your research," he said. "If you do that, or go through one of our companies, then you have got an excellent chance of being a round peg in a round hole and doing some really valuable work." Mr Oliver said that the best test for teenagers was to ask to be put in touch with somebody who had recently returned from the same placement with the same company, or have their parents speak to the parents of a previous gapper. "It is no good emailing - it has got to be a telephone call at the least."

Trip of a lifetime for millions

From the preserve of a privileged or deeply adventurous few some 20 years ago, gap year travel has boomed in the UK to become almost the norm, spawning companies promising to send young people on the trip of a lifetime. Figures on the industry remain sketchy, but market researchers Mintel valued the worldwide market in gap year travel at over £5bn in 2005, predicting a rise to £20bn by 2010. That annual growth rate is around twice the rate for global tourism trips, prompting Mintel to forecast an estimated 2m gap year trips each year, with travellers spending an estimated £11bn. Gauging the scale of the UK market is tricky, though Britain has the most developed supply of gap year operators and demand is expected to stay high, according to Mintel. Richard Oliver, chief executive of the Year Out Group of 36 established gap year companies, calculates that a quarter of each cohort of 18-year-olds will have taken a "genuine" gap year (as opposed to treading water while they retake A-levels or decide on a career) by the time they hit 25. "The proportion taking gap years really shot up in the early 1990s," he says, "and flourished some eight or nine years ago." There has been some levelling off among the proportion of young people taking off for a year of backpacking in Thailand or digging wells in Malawi, but the market has continued to expand with the rise of the mid-career and even post-career gapper.

Heat and Dust · Teacher's Guide ISBN 978-3-12-579841-0

Let's do something else

Assignment:
1. On your class trip to London you can either go to a reading by Benjamin Zephaniah at the Barbican Hall or to a concert by Nitin Sawhney at the Royal Albert Hall. Using the internet to help you, find out about these two artists and decide which performance you would like to watch.
2. With the help of the internet, find out what an OBE is, and make a list of people who have accepted it.
3. Point out Zephaniah's reasons for not accepting the OBE and analyse his language and tone.
4. Comment on Zephaniah's attitude towards the OBE, Blair, the Queen and his own role in British society.
5. Write a letter to the Prime Minister or the Queen either defending or criticising Zephaniah's decision.

Thursday November 27, 2003, The Guardian

I woke up on the morning of November 13 wondering how the government could be overthrown and what could replace it, and then I noticed a letter from the prime minister's office. It said: „The prime minister has asked me to inform you, in strict confidence, that he has in mind, on the occasion of the forthcoming list of New Year's honours to submit your name to the Queen with a recommendation that Her Majesty may be graciously pleased to approve that you be appointed an officer of the Order of the British Empire."

Me? I thought, OBE me? Up yours, I thought. I get angry when I hear that word „empire"; it reminds me of slavery, it reminds of thousands of years of brutality, it reminds me of how my foremothers were raped and my forefathers brutalised. It is because of this concept of empire that my British education led me to believe that the history of black people started with slavery and that we were born slaves, and should therefore be grateful that we were given freedom by our caring white masters. It is because of this idea of empire that black people like myself don't even know our true names or our true historical culture. I am not one of those who are obsessed with their roots, and I'm certainly not suffering from a crisis of identity; my obsession is about the future and the political rights of all people. Benjamin Zephaniah OBE - no way Mr Blair, no way Mrs Queen. I am profoundly anti-empire. (...)

This OBE thing is supposed to be for my services to literature, but there are a whole lot of writers who are better than me, and they're not involved in the things that I'm involved in. All they do is write; I spend most of my time doing other things. If they want to give me one of these empire things, why can't they give me one for my work in animal rights? Why can't they give me one for my struggle against racism? What about giving me one for all the letters I write to innocent people in prisons who have been framed? I may just consider accepting some kind of award for my services on behalf of the millions of people who have stood up against the war in Iraq. It's such hard work - much harder than writing poems.

And hey, if Her Majesty may be graciously pleased to lay all that empire stuff on me, why can't she write to me herself. Let's cut out the middleman - she knows me. The last time we met, it was at a concert I was hosting. She came backstage to meet me. That didn't bother me; lots of people visit my dressing room after performances. Me and the South African performers I was working with that night thought it rather funny that we had a royal groupie. She's a bit stiff but she's a nice old lady. Let me make it clear: I have nothing against her or the royal family. It is the institution of the monarchy that I loathe so very much, the monarchy that still refuses to apologise for sanctioning slavery.

There is a part of me that hopes that after writing this article I shall never be considered as a Poet Laureate or an OBE sucker again. Let this put an end to it. This may lose me some of my writing friends; some people may never want to work with me again, but the truth is I think OBEs compromise writers and poets, and laureates suddenly go soft - in the past I've even written a poem, Bought and Sold[1], saying that.

There are many black writers who love OBEs, it makes them feel like they have made it. When it suits them, they embrace the struggle against the ruling class and the oppression they visit upon us, but then they join the oppressors' club. They are so easily seduced into the great house of Babylon known as the palace. For them, a wonderful time is meeting the Queen and bowing before her presence.

Heat and Dust · Teacher's Guide ISBN 978-3-12-579841-0

I was shocked to see how many of my fellow writers jumped at the opportunity to go to Buckingham Palace when the Queen had her "meet the writers day" on July 9 2002, and I laughed at the pathetic excuses writers gave for going. „I did it for my mum"; „I did it for my kids"; „I did it for the school"; „I did it for the people", etc. I have even heard black writers who have collected OBEs saying that it is „symbolic of how far we have come". Oh yes, I say, we've struggled so hard just to get a minute with the Queen and we are so very grateful - not.

I've never heard of a holder of the OBE openly criticising the monarchy. They are officially friends, and that's what this cool Britannia project is about. It gives OBEs to cool rock stars, successful businesswomen and blacks who would be militant in order to give the impression that it is inclusive. Then these rock stars, successful women, and ex-militants write to me with the OBE after their name as if I should be impressed. I'm not. Quite the opposite - you've been had[2].

Writers and artists who see themselves as working outside the establishment are constantly being accused of selling out as soon as they have any kind of success. I've been called a sell-out for selling too many books, for writing books for children, for performing at the Royal Albert Hall, for going on Desert Island Discs, and for appearing on the Parkinson show. But I want to reach as many people as possible without compromising the content of my work.

What continues to be my biggest deal with the establishment must be my work with the British Council, of which, ironically, the Queen is patron. I have no problem with this. It has never told me what to say, or what not to say. I have always been free to criticise the government and even the council itself. This is what being a poet is about. Most importantly, through my work with the council I am able to show the world what Britain is really about in terms of our arts, and I am able to partake in the type of political and cultural intercourse which is not possible in the mainstream political arena. I have no problem representing the reality of our multiculturalism, which may sometimes mean speaking about the way my cousin Michael died in a police station. But then, I am also at ease letting people know that our music scene is more than what they hear in the charts, and that British poetry is more than Wordsworth, or even Motion. I have no problem with all of this because this is about us and what we do. It is about what happens on the streets of our country and not in the palace or at No 10.

Me, OBE? Whoever is behind this offer can never have read any of my work. Why don't they just give me some of those great African works of art that were taken in the name of the empire and let me return them to their rightful place? You can't fool me, Mr Blair. You want to privatise us all; you want to send us to war. You stay silent when we need you to speak for us, preferring to be the voice of the US. You have lied to us, and you continue to lie to us, and you have poured the working-class dream of a fair, compassionate, caring society down the dirty drain of empire. Stick it, Mr Blair - and Mrs Queen, stop going on about the empire. Let's do something else.

[1] The poem *Bought and Sold* appears in Okri's anthology "Too black, too strong" (Bloodaxe Books 2001).
[2] **had** here: tricked, deceived

Heat and Dust · Teacher's Guide ISBN 978-3-12-579841-0

Mental Fight

. . . what's past is prologue; what to come, In yours and my discharge. *Shakespeare (The Tempest, II, 1)*	… We are such stuff As dreams are made on. *Shakespeare (The Tempest, IV, 1)*	I will not cease from Mental Fight, Nor shall my Sword sleep in my hand Till we have built Jerusalem *William Blake (Jerusalem)*

Everyone loves a spring cleaning.
Let's have a humanity cleaning.
Open up history's chamber of horrors
And clear out the skeletons behind the mirrors,
Put our breeding nightmares to flight
Transform our monsters with our light.
Clear out the stables
In our celebrated fables
A giant cleaning
Is no mean undertaking.
A cleaning of pogroms and fears
Of genocide and tears
Of torture and slavery
Hatred and brutality.
Let's turn around and face them
Let's turn around and face them
The bullies that our past have become
Let's turn around and face them
Let's make this clearing-out moment
A legendary material atonement. (…)

For, after the gospels,
after the human and divine comedies,
after one thousand and one nights,
after crime and punishment,
war and peace, pride and prejudice,
the sound and the fury,
between good and evil,
being and nothingness,
after the tempest, the trial,
and the wasteland,
after things have fallen apart,
after the hundred years of solitude,
and the remembrance of things past,
in the kingdom of this world,
we can still astonish the gods in humanity
and be the stuff of future legends,
if we but dare to be real,
and have the courage to see
that this is the time to dream
the best dream of them all.

Ben Okri: Mental Fight. An Anti-Spell for the 21st century. Phoenix House London 1999. p. 9 + p. 68

Photo by Ute Reichmann

On one of these columns, called the "Memorial Gates", which were erected in London in 2002 to commemorate the soldiers from Commonwealth countries killed in the two World Wars, are inscribed Ben Okri's words: "OUR FUTURE IS GREATER THAN OUR PAST" from "Mental Fight."
www.memorialgates.co.uk

Assignment:
1. Write down in your own words what you think Ben Okri means by a *humanity cleaning*.
2. Write your own ideas about the purpose and the effects of a *humanity cleaning*. You can work out a definition or write your own poem.
3. In the second stanza Ben Okri has hidden the titles of several famous books, try to find out how many there are, split them up amongst the class and prepare short book reports on them. Do they have anything in common?
4. Visit www.memorialgates.co.uk and find out about the memorial. Comment on its purpose and its effect and discuss if this memorial could serve as an example of how to face "the bullies that our past have become".

Heat and Dust · Teacher's Guide ISBN 978-3-12-579841-0

Test: Kalpana Sahni's Portrayal of Post-Colonial Times in Simla

We were walking around parts of old Simla showing Giles, our English friend, the remnants of the Raj still visible as stray buildings along the Mall, a few ancient deodars[1], odd cast iron benches and the original Post Office. There had been a time when no Indians, apart from the rickshaw pullers, were allowed on this road. Winding our way back, we decided to stop at the Cecil Hotel, a massive concrete structure with marble and granite interiors, which had replaced the earlier stone-built Cecil. We agreed that all five-star hotels and airports look alike — faceless, synthetic and without history.
Still grumbling about the ugly changes, we headed for the bar tables at one end of the atrium. Before long a tall, corpulent elderly European made his way unsteadily to one of the tables using a walker. We had noticed him earlier in the lobby being helped out of a wheelchair. Now he was in the company of a young couple. Our grumbling gave way to concocting stories about strangers as we downed our refreshments.
"I bet he served in the British government and has returned with his grandchildren to relive his youth."
The Englishman seemed quite at home, waving to someone while chatting and laughing with the hotel staff. Presently his companions got up to leave and the old man stood up on his wobbly legs and warmly shook hands with them.
"No, they aren't related. Chance acquaintances", we commented.
A smart young hostess came up to replenish our glasses. By now curiosity had got the better of me, "Tell me, who is that old gentleman?"
The girl looked back and smiled.
"He's English. He came in search of his house, Sherwood Cottage, where he lived between the ages of three and seven. He's 87 years old and has returned after 80 years!"
For ten days he had been searching everywhere. Yesterday he even went in his wheelchair all the way to Summer Hill but returned so exhausted and dejected that he was unable to eat anything. Meanwhile another search had been in progress conducted by some of the younger hotel personnel, who were residents of Simla, including the young hostess. Initially none of them had a clue where to start. The few remaining octogenarians[2] gave them conflicting directions. Their last resort was the old post office. Its helpful staff dug out some moth-eaten registers, and finally this morning Sherwood Cottage was found. It was vacant and being painted for the next occupant. So they escorted the old man to his lost home, which he immediately recognised. His recall was astonishing. He remembered his room, the view from his window, his dreams, and the garden where he chased butterflies. He showed them the fireplace in the living room where he sat on his mother's lap while she read out bedtime stories to him.
His excitement had radiated out and enveloped all the hotel employees, who rejoiced at the successful denouement on the last day of his visit. What a tragic quest had he returned without tracing his home! Our storyteller moved on. I sat in silence speculating on his long and arduous journey alone in a wheelchair at the age of 87, on his precious memories that must have been so deep indeed as to pull him back to the Himalayas. Why is it that childhood memories often return to haunt us in old age?
Chuffed[3] with ourselves that, apart from the detail concerning the 'grandchildren', we had not been too far off the mark, we paid our bill and left. A monkey, with its baby fast asleep against its chest, was sitting on the ledge watching the passers by. Our conjectures continued as we walked back to our hotel.
Giles said, "I'm sure his family packed him off to a boarding school in England. He must have been miserable."
"You mean, his parents stayed back in Simla?"
"Yes, of course. Most families did that, sending their kids to good schools and a good education back home. My wife's parents lived in Bombay and they put her on a boat when she was seven years old. She was very unhappy in England and always held this grudge against them."
We visualised the old man's childhood full of parental love and affection and how all this would have suddenly given way to terror as he was shipped off to a bleak[4] existence in a strange country which was supposedly his own, but where he felt like a total stranger.
"Add to it the English weather, which does not help either. Bleak, wet and cloudy days. The steel grey of the streets, the houses and the clothes... and far, far away on the other side of the planet, him writing mandatory[5] letters to an address where he had once chased butterflies in the sunshine."

Kalpana Sahni (Daily Times, 26th August 2006)

[1] **deodar** tall cedartree which grows in the Himalayas
[2] **octogenarian** a person who is between 80 and 89 years old
[3] **chuffed** *(informal)* pleased, happy
[4] **bleak** cold, not welcoming, hopeless
[5] **mandatory** obligatory (the letters *must* be written, i.e. they are not spontaneous)

Heat and Dust · Teacher's Guide ISBN 978-3-12-579841-0

Assignment

1. Sum up all the facts you learn about the 87-year-old Englishman's biography.
2. Analyse what it means to the old man to rediscover the house of his childhood, and how the Simla community reacts to his search and his findings.
3. Analyse the different pictures the article creates about the Simla of the past, of today and about England. Comment on the style in which the narrator describes these pictures, and compare it to the ways in which *Heat and Dust* provides a picture of Simla in the days of the Raj.
4. Choose one of the following assignments:

a) Compare the old man's quest to the quests of two of the European travellers in *Heat and Dust*. Choose one from the old and one from the modern story. Invent a metaphorical title for each quest - the gentleman's quest, for instance, could be called *Chasing Butterflies*.

OR

b) Imagine this situation: In 1923, when Charles, the man in the wheelchair, was five years old, there were always a lot of visitors in Simla. One good friend of his mother's who came every year was a lady called Beth Crawford. Many years later, after his mother died, Charles found some letters from those days. The one that he found most interesting and disturbing was dated 29th September 1923. In this letter Beth Crawford tells his mother Margaret:
- why she suddenly had to leave Simla;
- how Douglas was coping with his situation in the British community;
- what she knew about Olivia and the Nawab;
- what she knew about Harry and his return to Europe;
- how she felt about Olivia's story;
- how Tessie was getting on in Satipur;
- whether she herself considers that she has made any mistakes;
- how she remembers little Charles chasing butterfies in the garden in Simla.

You are Beth, write the letter.

Heat and Dust · Teacher's Guide ISBN 978-3-12-579841-0

Post-Colonial Times in Pankaj Mishra's "The Romantics"

The boat ride in the following extract takes place in 1997. Samar, the narrator, is listening to an Englishwoman called Miss West, who has lived in India for almost twenty-five years. She tells him a story about a French woman called Catherine whom Samar had also met in Benares in 1989 when he was a student. Miss West, however, does not know that at that time the young Samar had had a secret affair with Catherine shortly before she left India to return to Paris, taking her Indian boyfriend Anand, a musician, with her and leaving Samar behind. Meanwhile he (Samar) has become a teacher and leads a scholarly life, however, he has never got emotionally involved with a woman again.

Miss West was saying, "I suppose you haven't heard about Catherine and Anand..."

The boat coming from the opposite direction moved closer. Its four or five rowers frantically pushed at the oars, sending little ripples coursing through the water; their frenzy[1] enhanced the stillness of the women with long sari veils and men in white Kurtas, one of them holding a large gleaming brass urn.

Miss West said, "The whole thing collapsed not long after they got to Paris ...."

The boat appeared to be heading directly towards us, and in the end passed us barely inches away. It was at the very moment that a strong wind suddenly came over the water. The veils of the women fluttered and were immediately tugged back into position. Little clouds of dust and sand loomed up on the other, empty side of the river and rolled for a little distance before abruptly fading.

Miss West said, "It collapsed once it became clear that Anand was no Ravi Shankar[2]. I sort of knew it wouldn't last long, but I was surprised at how quickly it folded. I remember just before she left Benares, Catherine was neurotic about him; she would go on about him to everyone she met. I thought she was totally insecure, almost pathetic in her insecurity. But she was right to be so, because when they got to Paris no one would give Anand a job, even those Indians who are in the cultural business in such places and do things for European consumption. Catherine's parents were horrible to him, in their own subtle manner. Catherine defended him; she was good at that. She still went on about him, but in a different way ..."

We were halfway to Dashashvamedh Ghat, its throng of bathing devotees partly visible behind the plume of black diesel smoke that one of the empty anchored boats breathed into the air. The boat slid forward in smoother bursts now. A small breeze blew in from the other side, ruffling the water and making Miss West, as she spoke, draw her shawl around her even more tightly.

She said, "I saw them together once in Paris. She had a little party; all her friends were there; she kept talking about Anand to her friends; he was her little trophy from India. Anand this, Anand that. Oh, look at him, isn't he wonderful? But when I next went to Paris, he was gone. He had gone back to India. Catherine wouldn't speak much about him. Her mother, a rather tedious middle-class woman, complained to me about the water he spilled on her bathroom floor. Catherine was living with a new boyfriend, an Algerian, some sort of film-maker. I didn't see her again..."

Another breeze ruffled the water.

"She wrote a few times. Her boyfriends kept changing. The last time she wrote she was with some stockbroker; she said she was planning to marry him, raise a family. She felt secure with him. It was all very odd. She sounded so much like her mother, she wanted children, security, stability, all those middle-class things. All that bohemianism had gone.

I saw Anand in Delhi a couple of years ago. He plays for some radio orchestra in Dehli and lives in a dreadful slum east of the river – probably not a slum, most of Dehli, even the middle-class suburbs, looks like a slum to me. He looked completely wasted, even thinner. His sisters are still unmarried; his parents have almost disowned him. When I met him, it was four years after he came back from Paris and the poor man was still devastated, still pining[3] for Catherine, hoping for some sort of miracle, writing long letters to her and getting shorter and shorter notes in return.

I had to be tough with him. I told him to stop thinking about her. I told him to move on, get married, work hard, lose himself in something. But I thought later that I was probably too harsh with him.

His love for Catherine, his time in Paris: this was the greatest thing that could ever happen to him. He had only this past and he was trapped by it. Catherine could move on, but he was stuck. She is drifting, too, poor girl, but she is supported by her father's money, her culture, her background; they give her at least an idea of what she owes to herself.

---

[1] **frenzy** signs of uncontrolled, excited, sometimes violent emotions

[2] 1. Pandit **Ravi Shankar** (born 1920) is a famous sitar player and composer, among others he played with Yehudin Menuhin and the Beatles, he is father of Norah Jones and Anoushka Shankar; he has often been critical of the superficial perception of Indian music in the West and spoke of the exploitation he felt because of this.
2. Sir **Ravi Shankar** (born 1956) is a humanitarian and a spiritual leader; together with the Dalai Lama he founded the International Association for Human Values in 1997.

[3] **to pine for** to strongly desire

Anand, people like him, they can't afford such ideas; they don't know who they are; they don't know what they want; they are just trying hard not to sink into the misery and wretchedness they are born into. That's what he is doing now. But he was young when he first met Catherine. And when you are young you have these desires like everyone else; you're greedy for love, you feel then that the world owes you your happiness; you feel you are entitled to it simply by being alive ..."
She stopped suddenly. We were about to reach Dashashvamedh Ghat. It was dark over the river now; a tangle of sounds from the city reached us. Broken reflections of the sodium lights on the Ghat glimmered and trembled in the black water.

Pankaj Mishra: The Romantics. Picador 1999. p. 271ff.

Assignment

1. Describe how Samar perceives the surroundings and the weather while Miss West is talking to him, and analyse the atmosphere they create.
2. Summarize Catherine and Anand's story, then analyse how Miss West's talks about them and the break up of their relationship.
3. Compare Anand and Catherine's story to Inder Lal and Ms Rivers'. What do they have in common and where do they differ?
4. Choose one of the following:

a) "Ruth Prawer Jhabvala wrote a novel about humiliation and exploitation. Just as the system of the Raj exploited the Indian subcontinent, in 1923 it is the Nawab who abuses Olivia for his personal interest and vengeance, and in the 1970s it is Ms Rivers who exploits Inder Lal for her own personal interests, her self-realization" (Mona Proulx, 2005). Discuss this statement.

OR

b) Imagine you are Inder Lal. You know the ashram Ms Rivers wants to visit, and shortly after she has left, you write a letter to her. In your letter you refer to:
- Ritu's health and your work;
- the fact that the narrator has left without saying goodbye;
- her stay in your house and what it meant / means to you;
- certain rumours in Satipur that Ms Rivers is pregnant;
- your personal feelings;
- your wishes for the future.

Heat and Dust · Teacher's Guide ISBN 978-3-12-579841-0

Post-Colonial Times in Jamaica Kincaid's "A Small Place"

The following extract is from Jamaica Kincaid's autobiographical essay A Small Place (1988). Echoing Kipling's Jungle Book (1892), the Antiguan author uses the perspective of a knowing child as a first person narrator. Antigua is an island in the West Indies, which were named by Columbus. During the processes of Spanish and later British colonization, the native populations were gradually annihilated. In 1562 Drake, Hawkins and Raleigh led attacks on the Spanish, and the first English settlements in the Caribbean began in 1624. The ancestors of most of today's Caribbean people were African slaves who had to work on sugar plantations. The slave trade was abolished by the British in 1807. Antigua became independent in 1981, and is now a member of the Commonwealth.

The Antigua I knew, the Antigua in which I grew up, is not the Antigua you, a tourist, would see now. That Antigua no longer exists. That Antigua no longer exists partly for the usual reason, the passing of time, and partly because the bad-minded people who ruled over it, the English, no longer do so. (The English have become such a pitiful lot these days, with hardly any idea what to do with themselves, now that they no longer have one quarter of the earth's human population bowing and scraping before them. They don't seem to know that this empire business was all wrong and they should, at least, be wearing sackcloth and ashes in token[1] penance[2] of the wrongs committed, the irrevocableness of their bad deeds, for no natural disaster imaginable could equal the harm they did. And so all this fuss over empire – what went wrong here, what went wrong there – always makes me crazy, for I can say to them what went wrong: they should never have left their home, their precious England, a place they loved so much, a place they left but could never forget. And so everywhere they went they turned it into England; and everybody they met they turned English. But no place could really be England, and nobody who did not look exactly like them would ever be English, so you can imagine the destruction of people and land that came from that.) But let me show you the Antigua I used to know.

In the Antigua that I knew, we lived on a street named after an English maritime criminal, Horatio Nelson[3], and all the other streets around us were named after some other English maritime criminals. There was Government House in Drake[4] Street, the place where the Governor, the person standing for the Queen, lived. Government House was surrounded by a high white wall – and to show you how cowed we must have been, no one ever wrote bad things on it; it remained clean and white and high. In Raleigh[5] Street there was the library, there was the school and there was the Department of Treasury. There was the court in Hawkins[6] Street. (Since we were ruled by the English, we also had their laws.) Our perception of this Antigua ruled by these bad-minded people was not a political one. The English were ill-mannered, not racists; the school head-mistress was especially ill-mannered, not a racist; the judge was crazy, he also was not a racist; the policemen were puzzling, not racists ...

In the middle of Hawkins Street there was the Barclays Bank. The Barclay brothers, who started Barclays bank, were slave-traders. That is how they made their money. When the English outlawed the slave trade, the Barclay brothers went into banking. It made them even richer. It's possible that when they saw how rich banking made them, they gave themselves a good beating for opposing an end to slave trading (for surely they would have opposed that), but then again, they may have been visionaries and agitated for an end of slavery, for look at how rich they became with their banks borrowing from (through their savings) the descendants of the slaves and then lending back to them. But people just a little older than I am can recite the name of and the day the first black person was hired as a cashier at this very same Barclays Bank in Antigua. Do you ever wonder why some people blow things up? I can imagine that if my life had taken a certain turn, there would be the Barclays Bank, and there I would be, both of us in ashes. Do you ever try to understand why people like me cannot get over the past, cannot forgive and cannot forget? There is the Barclays Bank. The Barclay brothers are dead. The human beings they traded, the human beings who to them were only commodities[7], are dead. It should not have been that they came to the same end, and heaven is not enough of a reward for one or hell enough of a punishment for the other.

---

1 **token** pretended, false
2 **penance** you do penance for your sins to show that you regret them
3 **Horatio Nelson** (1758-1805) British naval commander during the Revolutionary and Napoleonic Wars. He was killed at Trafalgar (1805) after defeating the French fleet.
4 **Sir Francis Drake** (1530-96) the first Englishman to sail around the world, commander of a fleet against the Spanish Armada (1588), contributing greatly to its defeat
5 **Sir Walter Raleigh** (c. 1552-1618), explorer, admiral, writer, courtier, favourite of Elizabeth I, tried to colonize Virginia, fought successfully against Spain
6 **Sir John Hawkins** (1532-95), naval commander, slave trader, treasurer of the navy, fought against the Spanish Armada
7 **commodity** article, product of commerce

Heat and Dust · **Teacher's Guide** ISBN 978-3-12-579841-0

I cannot tell you how angry it makes me to hear people from North America tell me how much they love England, how beautiful England is, with its traditions. All they see is some frumpy[8], wrinkled-up person passing by in a carriage waving at the crowd. But what I see is the millions of people, of whom I am just one, made orphans: no motherland, no fatherland, no gods, no mounds of earth for holy ground, no excess of love which might lead to the things that an excess of love sometimes brings, and worst of all, no tongue. For isn't it odd, that the only language I have in which to speak of this crime is the language of the criminal who committed the crime? And what can that really mean? For the language of the criminal can contain only the goodness of the criminal's deed.

Have I given you the impression that the Antigua I grew up in revolved almost completely around England? Well, that was so. I met the world through England. You would like to ask me why I still use this language? I cannot understand this question. It is like asking the child of a raped mother what whispers in her veins. You loved knowledge, and wherever you went you made sure to build a school, a library (yes, and in both places you distorted[9] or erased my history and glorified your own). But then again, perhaps you are remembering that you had always felt people like me cannot run things, people like me will never grasp the idea of Gross National Product, people like me will never be able to take command of the things the most simple-minded among you can master, people like me cannot really think in abstractions, people like me cannot be objective, we make everything so personal. You will forget your part in the whole set-up, that bureaucracy is one of your inventions, that Gross National Product is one of your inventions, and all the laws that you know mysteriously favour you. As for what we were like before we met you, I no longer care. No periods of time over which my ancestors held sway, no documentation of complex civilisations, is any comfort to me. Even if I really came from people who were living like monkeys in trees, it was better to be that than what happened to me, what I became after I met you.

Jamaica Kincaid. A Small Place. 1988.p. 23ff.

Assignment:

1. Point out the main characteristics the narrator ascribes to the English and their colonial policies in the Antigua of her past.
2. Point out how the former policies still influence the narrator's life and her feelings of self-esteem in post-colonial times. Analyse the stylistic devices the author uses to reveal the narrator's attitudes and explain the function of the second person narrative position and its effect on the reader.
3. Compare the narrator's attitude towards the British with those of the Nawab and Inder Lal towards the English.
4. Choose **one** of the following:

a) "You would like to ask me why I still use this language? I cannot understand this question. It is like asking the child of a raped mother what whispers in her veins." (ll. 56-57) Comment on Jamaica Kincaid's portrayal of the lasting effects of colonialism and the question of identity and discuss whether there is any character in *Heat and Dust* who might also take this attitude.

OR

b) Imagine the following situation:

In 1950 Olivia writes a personal letter to Harry which he has always kept a secret and in which she refers to the following aspects:

- her lonely years in the mountains;
- her lost child and her relationship to the Nawab;
- her memories of her friendship with Harry and of their attitudes towards the colonial policies in Satipur;
- her experience and views on Indian independence and Partition;
- her view and assessment of the consequences of the Raj in India.

You are Olivia, write this letter.

[8] **frumpy** dowdy, old-fashioned, unattractive (*pej* used for women)
[9] **to distort** to change something from its usual, original, natural or intended meaning, condition or shape

Heat and Dust · Teacher's Guide ISBN 978-3-12-579841-0

12. Themen für Essays, Facharbeiten und Referate

Mögliche Themen bzw. Themengebiete für Essays, Referate oder Facharbeiten, die mit Hilfe der angegebenen Literatur bearbeitet werden können:

1. Sociology and History

- Watersheds in Indian History before the Raj (Wood, Keay, Kakar, Sen)
- The different Roles of the Ganges / Visiting the Ganges (Abram, Singh, Wood)
- The Story of the Taj Mahal (Abram, Singh, Dalrymple)
- The Policies of the East India Company (Keay)
- The Period of the Raj (Lawrence, Wolpert / BBC)
- Gandhi and Nehru and their ways towards/ understanding of independence (Lawrence, Khan, Wolpert)
- The portrayal of Gandhi in feature films (Attenborough, Benegal, Dehlavi, Abbas)
- Rushdie's criticism on Attenborough's Gandhi (in: Salman Rushdie: Imaginary Homelands // hier lohnt es sich auch zu googeln und weitere kritische Kommentare zum westlichen Gandhi-Bild zur Kenntnis zu nehmen, z.B. von den Regisseuren Benegal, Dehlavi und Abbas)
- Lord Mountbatten and his way of leaving India (documentary / Wolpert / Misra / Morris / Khan)
- The Partition of the Indian subcontinent in 1947 (Wolpert, Lawrence, Ferguson, Misra, Khan)
- Indira Gandhi and her policies (Guha, Keay, Misra)
- Mahatma, Indira, Rajiv – What were the reasons for their assassinations? (Guha, Keay, Misra)
- Watersheds in the History of Pakistan (Talbot, Misra, Khan, Guha)
- Conflicts between India and Pakistan after Independence (Guha, Keay, Misra, Khan)
- India and the atomic bomb (Arundhati Roy and her essays)
- Arundhati Roy and her talks/essays on the war on terror (*Come September/ The algebra of infinite justice / Instant Mix*)
- Industrialisation in rural India (Desai: Village by the Sea + Roy: the Cost of Living / Pankaj; Misra, Khan)
- *In spite of the Gods*: Progress and Tradition in the India of today (Sen, Luce, Misra, Khan)
- Celebrating 60 years of independence: The portrayal of the anniversary in the media in 2007 (z.B. Guardian – Independent – Times /// India Today – Times of India)
- Being untouchable in modern India (autobiographies, *The God of small things*)
- The Western Perception of the East (z.B. Auszüge aus Sen, Pankaj, Said, Ferguson)
- What is left of the British Empire in modern times? (Ferguson, Sen, Misra, Pankaj, Khan)
- The Indian Way of Life (Pankaj, Dalrymple, Wood, Kakar, Misra, Khan)
- Cities (Singh, Wood, Pankaj, Dalrymple; Sidhwa, vgl. auch Tate Modern, London, on Global Cities)
- From Bombay to Mumbai (Singh, Wood, Pankaj, Dalrymple; vgl. auch Tate Modern on Global Cities)
- The story of a Hindu community in London – The story of the *Baps Shri Swaminarayan Mandir* in Neasdon, London (www.mandir.org)
- Emotional Diaries - Nitin Sawhney and his musical images and ideas
- The impact of Indian musical traditions on pop and rock music (Lavezooli)

2. Literature und Film

- Ancient Stories: What ideals does the *Ramayana* teach? (Narayan/ auch gut als (bebilderte) Kinderbuchausgabe zu bekommen)
- Ancient Stories: What ideals does the *Mahabharata* teach? (Narayan/ auch gut als (bebilderte) Kinderbuchausgabe zu bekommen)
- The portrayal of India in Forster's Passage to India (novel and / or film)
- The portrayal of India in Kipling's *Kim / Jungle Book*
- The portrayal of British people in 19th century India in T. Ali's novels
- The portrayal of British people in India in P. Scott's Raj Quartet
- How to stay on (Scott: *Staying on* – novel and film)
- The Children of Independence (Roy's "*The God of small things*" // Rushdie's *Midnight's Children*)
- Modern Mumbai and the portrayal of Bombay in Anita Desai's *Baumgartner's Bombay* (vgl. auch Abram, Singh)
- The portrayal of East and West in Kiran Desai's "*The Inheritance of Loss*"
- The portrayal of poverty in Jha's *"Blue Beadspread"* or Suri's *"The death of Vishnu"*
- The roles of women in postcolonial India (Manil, Kamani, Nair, Roy, Verma)
- Arranged marriages (Sidhwa, Shamsie, Singh, Verma, Lahiri/ films: *Monsoon wedding, The Namesake)*
- Young, urban and professional – Kaushal's portrayal of Indian upper-middle-class problems
- A child's perspective on things that matter in *If you are afraid of heights* (Raj Kamal Jha)
- The portrayal of fundamentalism in *Fireproof* (Raj Kamal Jha)
- The life of a widow in "*Water*" (novel and/or film)
- Sexuality – A taboo topic? (Tejpal, Faquir, Nair, Metha, Verma, Bollywood)
- The roles of the tourists in Mishra's *"The Romantics"*
- Tourism in modern India (Abram, Singh; Auszüge aus Pankaj, Sutcliff, Roy)
- Corruption in modern India (Stock, Roy)
- Living in two worlds (alle Titel unter 4.2.3)
- Dreaming of a life in the west (Intertext: *Breakfast at Tiffanies* in: Balasubramanyam's *In beautiful Disguises*)

- Turning towards Fundamentalism (Kureishi, Moshin,/ Film: *Yasmin*)
- Coming to terms with the secrets of the past (Drama: *Indian Ink*)
- *The stinking rose*: Garlic as a leitmotif in Bhatt's "*The stinking Rose*" (Poetry)
- The funny side of culture clashes *(Kick it like Beckham, East is East, Monsoon Wedding)*
- (The) Ideology in a Bollywood movie *(Sometimes happy, sometimes sad…)*
- When Jane Austen meets Bollywood … *(Bride and prejudice)*
- Prejudice and the motif of Romeo and Juliet in the film *"Just a kiss"*
- The second generation of immigrants in Great Britain (Kureishi, Smith, Monica Ali)
- Indian versions of the American Dream (z.B. Lahiri, Banerjee Divakaruni)
- The Portrayal of Poverty in *Salaam Bombay*
- A modern version of the Ramayana in Perera's *Do the right thing*
- The portrayal of the Hindu nationalist movement and the impact of the 1992 riots on Indian democracy in David Davidar's *The Solitude of Emperors*
- Where did she go? - Coming to terms with the past in Shamsie's *Broken Verses*

13. Literaturangaben

1. Social, historical and geographical Background –

Abram, David, et al (ed.): The Rough Guide to India. New York / London 2005.

Ferguson, Niall. Empire. How Britain made the modern World. Penguin 2003.

Guha, Ramachandra. India after Gandhi. The History of the World's largest Democracy. London 2007.

Jaffrelot, Christoph (Hg.): A History of Pakistan and its origins. Anthem 2004.

James, Lawrence: The making and unmaking of British India. St. Martin's Griffin 2000.

Kakar, Sudir and Katharina Kakar: The Indians: Portrait of a People. Penguin India 2007.

Keay, John: India – a History. London 2000.

Khan, Yasmin: The Great Partition. The Making of India and Pakistan. Yale UP 2007.

Luce, Edward: In Spite of the Gods. The Strange Rise of modern India. Abacus London 2007.

Marshall, P.J.: The Cambridge Illustrated History of the British Empire. CUP 1996.

Misra, Maria: Vishnu's crowded Temple. India since the great Rebellion. Allen Lane 2007.

Sen, Amarthya: The Argumentative Indian. Writings on Indian History, Culture and Identity. Picador 2005.

Singh, Sarina, et al (ed.): India. Lonely Planet 2005.

Talbot, Ian: Pakistan: A modern History. MacMillan 2005.

Varma, Pavan K.: Being Indian. London 2006.

Wolpert, Stanley: Gandhi's Passion. The Life and Legacy of Mahatma Gandhi. OUP 2002

Shameful Flight: The Last years of the British Empire in India. OUP 2006.

Wood, Michael: The Story of India. BBC 2007.

1.1. Map

The British Raj in India. New Holland Publishers 2007. ISBN 978-1-84537-758-8

2. Postcolonial Literatures in the EFL classroom

Ashcroft, Bill/Gareth Griffiths: The Empire writes back Theory and Practice in Post-Colonial Literatures. Routledge : London 1989.

Ashcroft, Bill, u.a.: Key Concepts in Post- Colonial Studies. Routledge: London 1998. Peter Lang : Frankfurt 2003.

Loomba, Ania: Colonialism / Postcolonialism. Routledge : New York 1998.

McLeod, John: Beginning Postcolonialism. Manchester 2000.

Raddatz, Volker: Decolonizing the mind - Postkoloniale Literaturen und Kulturen im schülerzentrierten Englischunterricht. In: Lothar Bredella und Werner Delanoy (Hrsg.). Interkultureller Fremdsprachen unterricht. Tübingen:Gunter Narr Verlag. 1999. S. 476-505.

2.1. Teaching Materials

Butzko, Ellen und Susanne Pongratz: Caught between two cultures. Colonial and postcolonial short stories. Klett 2005.

Korff, Helga and Angela Ringel-Eichinger: One language , many Voices. An Anthology of Short Stories about the legacy of Empire. Cornelsen 2005.

Indien. *Der fremdsprachliche Unterricht Englisch* (Heft 50). März 2001.

Mitchell, Michael: The postcolonial Experience. Decolonizing the Mind.Langenscheidt 1995.

O'Reilly, Christopher: Post-Colonial Literature. Cambridge 2001/ bei Klett

Schallhorn, Karola: Echoes of Empire – the mixed voices of a colonial past. 20th century English short stories. Schöningh2004.

Volkmann, Laurenz (Ed.): Tales from a Global Village. Nine Short Stories. Langenscheidt 2007.

Wandel, Rainer (Hg.): India. Unity in Diversity. Cornelsen 2004.

3. Literature on *Heat and Dust*

Bailur, Jayanti: Ruth Prawer Jhabvala. Fiction and Film. Arnold Publishers : New Dehli 1986.

Gooneratne, Yasmine: Silence, Exile and Cunning. The Fiction of Ruth Prawer Jhabvala. Orient Longman 1983.

Strobl, Gerwin: The challenge of cross-cultural interpretation in the Anglo-Indian novel: The Raj
Revisited. New York 1995.

Sucher, Laurie. The Fiction of Ruth Prawer Jhabvala. New York 1989.

Wendell, Christiane: *Heat and Dust* im interkulturellen Fremdsprachenunterricht. In: *Der fremdsprachliche Unterricht Englisch* (Heft 50) April 2001. S. 42-45.

Wilkening, Monika: Schülerinnen und Schüler schreiben Gedichte zum Indienroman *Heat and Dust*. In: Praxis des fremdsprachlichen Unterrichts (Heft 48) 2001. S. 129-135.

4. Further Reading

4.1. Autobiographies and Essays

Anand, Mulk Raj: Untouchable (1935)

Dalrymple, William: The Age of Kali: Indian Travels and Encounters (1998)

Dalrymple, William: City of Djinns: A Year in Dehli. (1994)

Mishra, Pankaj: India in Mind (2005)

Mishra, Pankaj: Temptations of the West (2006)

Moon, Vasant: Growing up untouchable in India. A Dalit Autobiography. (2001)

Naipul, V.S.: An Area of Darkness (1964) + India: A wounded civilization (1976) + India: A million mutinies now (1990)

Prawer Jhabvala, Ruth: My Nine Lives (2004)

Roy, Arundhati: The Cost of Living (1999) + The Algebra of Infinite Justice (2001)

Racine, Jean-Luc/John L. Varriano (ed.): Viramma: Life of an Untouchable. (1996)

Rushdie, Salman: Imaginary Homelands. Essays and Criticism 1981-1991. (1992)

Sidhwa, Bapsi: City of Sin and Splendour: Writings on Lahore. (2006)

Tully, Mark and Gillian Wright: India in Slow Motion (2003)

Tully, Mark: India's unending journey: Finding Balance in a Time of Change. (2007)